语文教研手记

YUWEN
JIAOYAN
SHOUJI

郝忠勇 著

——一名教研员的田野调查与实践

江西教育出版社
·南昌·

图书在版编目(CIP)数据

语文教研手记 / 郝忠勇著. —— 南昌：江西教育出版社, 2021.9

ISBN 978-7-5705-2874-5

Ⅰ.①语… Ⅱ.①郝… Ⅲ.①中学语文课－教学研究－初中 Ⅳ.① G633.302

中国版本图书馆 CIP 数据核字(2021)第 181767 号

语文教研手记
YUWEN JIAOYAN SHOUJI

郝忠勇 著

江西教育出版社出版

(南昌市抚河北路 291 号　邮编：330008)

各地新华书店经销

江西省和平印务有限公司印刷

700 毫米 ×1000 毫米　　16 开本　　16.75 印张　　字数 227 千字

2021 年 9 月第 1 版　　2021 年 9 月第 1 次印刷

ISBN 978-7-5705-2874-5

定价：48.00 元

赣教版图书如有印装质量问题，请向我社调换 电话：0791-86710427

投稿邮箱：JXJYCBS@163.com　　电话：0791-86705643

网址：http://www.jxeph.com

赣版权登字 -02-2021-584

版权所有　侵权必究

自序

可以做得更好一些

2019年6月，我出版了第一本个人专著《语文教研笔记》，这是从事二十年教研工作成果的积累。成书之后，翻阅二十六万字的集子，虽然也是沉甸甸的感觉，但是没有一点想象中的惊喜。区区二十余万字，是半生摸爬滚打、跌跌撞撞的真实写照。自己干了点什么，以文字的形式，明明白白地摆在那里。

作为一名教研人员，我竟于心不甘，觉得再勤奋一点，还可以做得更好一些，继而有了跃跃欲试的念头。

教研工作的特点，是研究、指导、服务，这是最贴近课堂、最贴近教学一线的工作，凡接触课堂，接触教师，接触学生，甚至走进学校，其实已经开始了教研工作，好像我们无时无刻不在思考和研究当中。教研员是最接地气的研究者，从事的是田野调查与实践类的活动，做的是双脚沾满露水、双手沾满泥土的活计。每年工作的大半时间游走于校园，纠缠于课堂，周旋于种种会议、培训和座谈……每次活动，每个节点，都可以形成随笔、札记，都是生成文字的绝佳来源。

以《语文教研笔记》这样的字数，两年为期，能不能够完成呢？

当时有一个大胆的设想，如果自己肯吃苦一点，每周写一篇教学随笔，以一年半为期，共18个月，有72周，如果每篇文章两三千字的话，坚持下来，就能达到20万字左右。

理论上是这样，但是难得持之以恒。如果没有监督，很容易就疲惫、懈怠，甚至放弃。文章不写半句空。即使有好的素材，不去写，梦想就是画饼，会像匆匆的时间一样，付诸东流。那么，如何保持写作的热情呢？

2019年4月，我给自己申请了"郝语文"的公众号，用这个办法提醒自己，及时撰写，定时发布，并分享在朋友圈，把写作成果不避美丑地公之于众，接受围观和批评。写得好呢，对自己也是一种激励；写得不好呢，那种如芒在背的感觉也能刺激自己：努力写好下一篇。当人一旦有任务，或者使命感，驱使自己去完成的时候，就会有种迫不及待地追寻灵感的渴望。一旦开动思考的脑袋，那些沉寂的司空见惯、平淡无奇的东西，也会时时迸出耀眼的火花。这里的每一篇文章，的确都是来自课堂，源于生活，是经过观察思考、咀嚼揣摩的产物。有时仓促赶着发布，疏于修改，还会夹带很多错误。这也正说明了这些篇章是逐个字逐个字码起来的，是热腾腾新鲜出炉的。

我很高兴有许多同道看后点了赞。不点赞，也不会影响我坚持的心情。我需要的只是一种无形的自律。毕竟不是写时尚畅销书，要受读者或市场的左右，读者急着争着要读，作者要迎合读者的品位。我选择的是一条艰涩冷清的小路，这条路注定不会有太多的喧嚣和热闹，因为下的是笨功夫，走的是长途。我就心平气和地、慢慢地一一写来试试。

庆幸的是，截至2020年中秋国庆"双节"期间，撰写的文字，聚沙成塔，已80余篇，成洋洋20余万字规模，也就是这本小书的初稿。主要是以教学随笔形式全面展示本人从事基层语文教研实践的思考和收获，每篇大多在两三千字。内容驳杂，涉及课堂观察、教师培养、课例研究、读书感悟、短评札记等。其间，有零星篇章发表在《中学语文教学参考》《语文建设》《教师博览》《语言文字报》等报刊。文章既是来自基层的泥土，限于一孔之见，摆脱不了重复、琐碎、浅薄甚至谬误，万不敢以端着架子做学问的面目示人，就为集子取名为"语文教研手记"。

《论语》中有一段精彩对话，子贡问孔子，为什么没有人了解孔子。孔子回答："不怨天，不尤人，下学而上达，知我者其天乎！"这表明了孔子的态度，道不行于世而不怨天，知道天命有穷通。下学，学于通人事；上达，达于知天命。我只管本本分分地做好自己的事。能下学自能上达，于人事能竭其忠，于天命能尽其信。了解我的大概只有老天爷吧。我很欣赏圣人这份达观的心态，并乐意身体力行——老老实实地做好自己的事，完成这部手稿，至于效果怎样，影响如何，是否有济于世，这一切都交给上天吧。

语文教研是一条充满挑战、有意思的路，一路走来，不光有崎岖坎坷，也有越过泥泞后的风和日丽、鸟语花香。美好的结果往往出于互相成全，感谢语文教研员这个岗位，感谢生命中遇到的各位领导、师友、同伴和学生们，是你们给予我一路走下去的力量，是你们为我提供了一片足够深入实践检验并能收获的美丽田野。

在本书付梓之际，特交代来龙去脉，以求教于方家。并借法国作家加缪的几句话，与踏上语文教育这条路的所有亲爱的同伴共勉：

  不要走在我后面

  因为我可能不会引路

  不要走在我前面

  因为我可能不会跟随

  请走在我的身边

  做我的朋友

2020年10月于有邻山房

目录

第一章 课堂管窥

锤炼你的开场语言	002
——诸冯学校教研座谈手记之一	
让阅读教学走向审美的历程	006
——诸冯学校教研座谈手记之二	
教学中应把握好两种感觉	008
——诸冯学校教研座谈手记之三	
"真实"是写作的生命	011
漂亮图片敌不过一束文字	015
一鸟在手胜过百鸟在林	018
在文本中读出自我	021
从案头到教室	026
行有不得,反求诸己	029
教案是死的,课堂是活的	032
课堂需要什么样的辩论	041
老师也要学会做减法	044
从"人"着手就好办了	047

要"热闹"还是要"实效"	051
何处不是教语文	056

第二章 语文漫谈

"名著阅读"课程化的实践与探索	066
从诗歌中寻找中国文化的根	079
你的课堂为何不令人感动	092
大声读起来	095
非最好的书不读	097
也谈教材这个例子	101
兼谈诗歌的"文本特质"	104
这样练字才有效果	109
有教无类,共同提高	111
在展示中增加一点亮色	115
从中考试题看名著阅读	118
让主题学习实验走向更深处	123
九层之台,起于累土	130

第三章 行思散记

一堂好课须"五看"	136
戏说"小组"	140
说"微课"	144
竹头木屑无弃物	147
——兼谈阅读课素材的改造和应用	
打开一本日记本	150
初中生的案头必备	155
好的课堂是有"气"的	157
不只是在教一篇课文	159
要珍视与学生的个别谈话	163
作者笔下的小生灵	165
——关于《猫》的再解读	
如切如磋，如琢如磨	168
——关于"课例研究"的一点认识	
删繁就简三秋树	171
——关于"目标"的一点思考	

计分评价的冷思考	175
目标教学需处理好三种关系	178
悬而待决未尝不可	181
——关于文言文教学的一点看法	
草台班的春天	183
为师当学莎莉文	186
访清心斋主人	190

第四章 书海蠡测

初中生要多读多背《诗经》	194
学了《诗经》会说话	197
荒凉生命的"后花园"	203
——读萧红《呼兰河传》	
一曲深沉的生命咏叹	208
——《秋天的怀念》备教随笔	
培植自己的"妙有之花"	214
——读《教师花传书》	

重读《繁星·春水》	218
走向田野	225
——《跟随佐藤学做教育》读后感	
木兰：忠孝双全的女英雄	228
苏密州的那些花儿	231
一泓清泉照诗心	236
旧书新读亦有味	242
有时书也会找人	246
以阅读改善我们的教研	250
成为一名终身阅读者	253

第一章 课堂管窥

锤炼你的开场语言

——诸冯学校教研座谈手记之一

2019年9月5日下午,诸城市教科院初中部一行到诸冯学校视导。根据学校安排,听了荀老师、孙老师两位青年语文教师的汇报课,第一节是《藤野先生》,第二节是《春》,课后组织了座谈交流。座谈由孙老师做记录。

首先两位青年教师进行教学反思,内容包括详细介绍本节课教学设计思路及预期目标、自我认识、自我评价等。荀老师反思《藤野先生》的教学设计过多地考虑教学过程的完整性,有点急于想呈现给与会者一节优质课,对学生的知识接受能力与理解能力考虑太少,所以课堂容量太大,知识点落实不好,课堂上教师过于掌控学生思路,没有尊重学生的主体地位。孙老师反思在引领学生品析"绘春"画面的时候对课文的朗读还不够充分,朗读课文的形式比较单一,在品读活动中,品词、品句、品段的处理过于粗略。重难点分配不均,教学流程有点生涩,不够流畅。

在两位教师自我反思的基础上,教研组各年级代表教师,以及舜德学校的代表教师,做了精当中肯的点评。两位青年教师的反思是认真的、真诚的。老师们畅所欲言,各抒己见,教研气氛和谐热烈。

根据座谈记录,我事后再进行回顾、梳理,大致在本篇和下面两篇文章中重申自己的几点意见。

首先,锤炼你的开场语言,打磨你的环节。

荀老师的《藤野先生》是从跟学生聊家常开始的:"过去教过你的老师很多吧,有的一定留下了深刻的印象,谁来谈谈记忆深刻的老师?"有几位同学站起来谈了自己的老师,表现较松散平淡。老师不置可否,开始导入新课文:今天来学习鲁迅先生写自己老师的一篇文章《藤野先生》,并板书了课题。

按说,这么导入,也没什么问题。

我的意见:一堂课时间金贵,45分钟一晃就过去了。以惜时如金的要求,不允许有废话,不允许有多余的环节。一两个学生随意地一说,甚至是懒散无序地这么聊几句,老师就匆匆宕开一笔,开始了自己的授课,这样略显仓促、粗疏。

如果将这个开头做成一个与本课内容有机联系的整体,就好了。比如,这篇文章是通过几件事来写"我"与"藤野先生"的交往的:"批改讲义""解剖尸体""关心裹脚""添改讲义"等。这是本文行文的一个特点,选取典型事件来描写人物。鲁迅与藤野先生交往的事件有很多,为什么只选这几件?这其中大有深意。那么,本文学习的目标之一,写作能力的培养方面,这就是重点之一。这是教师备课之前先见的。对待学生温暾散漫的闲聊,教师就应当有及时的点评:"哎,怎么你说的这个老师眉目不清啊?你的老师张三,跟他的老师李四,没有什么不同嘛!"继续点拨:"既然是记忆深刻的老师,那么他的身上一定有一些区别于他人的特点,哪怕一两点,在你的脑海深处雪藏着呢,说出来试试看……"

这么一来,从上课之初,教师就已经在训练指导学生如何刻画人物了。这叫"草蛇灰线,伏脉千里"。前有伏笔,后有照应;虚虚实实,皆成文章。教师说的每一句话,都不是废话。开头虽未入题,但何尝不是在谈文章的写作特点?引入的、欣赏的、训练的……都是统一的整体,前后完全一致。无一个环节设计无依据,无一句话无来处。用心锤炼自己的语言,铺排所有的细节。这也算是精致课堂的特点之一吧。

有人会说，这么搞就是最好的吗？当然不是！

如果让我来做，我可能不这么煨热。而是另辟蹊径，做一番新尝试——

或者"单刀直入"式：

一样留学，差距为什么这么大呢？让我们跟着鲁迅先生，来欣赏一下清代留学东洋的形形色色的众生相吧。

或者"中间开花"式：

"从那一回以后，我便觉得医学并非一件紧要事，凡是愚弱的国民，即使体格如何健全，如何茁壮，也只能做毫无意义的示众的材料和看客。""我们的第一要著，是在改变他们的精神，而善于改变精神的是，我那时以为当然要推文艺，于是想提倡文艺运动了。"到底是怎样的一个事件让鲁迅的人生理想发生了转变呢？

或者"一叶知秋"式：

"日暮里"，鲁迅先生路过的一个地方，是明的遗民朱舜水客死的地方。自己的家国正饱受蹂躏，这个词语另有悲凉的意味，容易让人想起一个成语：日暮途穷。作者负笈东游，有身世之感，所以印象深刻。这是旅人匆匆所见，但是一个特定的镜头，让我们的课堂从此开始。

或者"对比深思"式：

文章中有中国人：一起留学的同学，客死的同胞，影片中被砍头的人和围观的看客；文章中有日本人：一起学医的同学，还有老师。他们都是一样的人吗？

或者"背景烘托"式：

鲁迅先生有一篇散文叫《父亲的病》，介绍了自己父亲是如何病死的，这也是促成鲁迅学医的直接动因。后来，他在《呐喊·自序》中写道："我的梦很美满，预备卒业回来，救治像我父亲似的被误的病人的疾苦，战争时候便去当军医，一面又促进了国人对于维新的信仰。"但是他这个美梦最终破灭了——

或者某某式，某某式……每个人都可以有不同的开场方式。

《藤野先生》是一篇叙事散文，藤野先生是鲁迅非常敬重的老师，这篇文章也是鲁迅非常重视的作品之一。青年教师引入导语时要具有创新精神，对过去陈腐的思想要大胆地进行改革。设计得体的开场白，或者引出阅读趣味，或者燃起爱国激情，或者烘托情境，或者引发思考，激起穷根溯源的探究欲望……

基于对文本的认识，教师遵循学生的身心发展规律和语文学习规律，才有可能得体自由地进入文本的万花园，探幽寻芳，左右逢源。登堂入室，莫不由户。如此说，一堂课如何开场，也是有门道的。

让阅读教学走向审美的历程

——诸冯学校教研座谈手记之二

朱自清的《春》是一篇优美的写景抒情散文，作者抓住春天的特点，通过盼春、绘春、赞春三个部分的描写，抒发了对春天的赞美之情，表达了热爱生活、积极进取、奋发向上的思想感情。孙老师执教本篇，教学语言很规范，教学过程较为流畅，整节课以读为抓手，引导学生体味春天之美。

抓朗读是对的。这样的美文（其实所有选入教材的文章，都可以统称为美文），如果能在"美"上下功夫，真正传达出美感来，就太好了。

"读"是一种非常好的手段。新教材特别重视"读"的素养，分层级地在教材中罗列了朗读的方式方法，并提出了明确要求。在日常听课中，我发现我们的一些青年教师并没有给予足够的重视。读就是一种手段，读的功用，读的策略，读的艺术魅力……他们都没有认真地深究探讨。所以通常课堂上呈现的读，也就是死水微澜，读读而已。

读是阅读课的一种常规武器。运用得法，它也有足够强大的威力。

据说古人将芦苇茎中的薄膜烧成灰后放在律管内，观察地气萌发时浮灰被吹动的程度，以此来判断冬天过去春天到来的精确时间；人站在旷野中，静静地瞑目肃立，感受天地间那一关键节点：四周"唰"地一下，像一桶冷水兜头浇下，令人浑身一激灵——霜降了！宇宙时刻发生着如此玄妙的变化，季节的更迭细微不易觉察，而的确存在。天地运转，无休无止，大自然就是这么神奇。这么美妙的东西，作家是用细腻的笔触、优美的语言来表达的。谁能带领学生越贴近这种幽微的美好，谁就是最棒的。

比如，在赏析"'吹面不寒杨柳风'，不错的，像母亲的手抚摸着你"这一句时，作者是用触觉来描写春风的，老师就可从触觉上找寻突破口：

"每个人都经受过母亲的抚摸。这种肢体的接触，最容易安抚紧张，让人有安全感，有满足感。同学们，你们能用一句话或者几个词语来表达一下那种感受吗？"

这是让学生有话可说的话题，每个人都应当有自己的解释。如果能提炼出诸如"柔软、温暖、轻柔、温润、舒服、有依靠、放松"等字眼，再引领学生尝试来读，就容易让他们把握住文字中蕴含的共通情感，包括作者的，也能够捕捉到这一句的语感，包括自己切身体验的、现场感悟到的。这一句话就变得不再是干瘪的、平面的。为什么呢？阅读者理解不一样了，认识不一样了；读的心态不一样了，语气语调也就不一样了，——美感，就这样传达出来了。

听读书，也如听琴。"峨峨兮若泰山，洋洋兮若江河"，演奏者，领受者，产生和谐共鸣，时时达成"深得吾心"的快感。这样的情境，我们的课堂中，还是少了些。至于如孔子闻《韶》乐"三月不知肉味"的境界，更是稀有。读，实在是每个青年教师需要恶补的一门功课。

有人可能要问："难以琢磨！语文中的美到底是什么样的啊？"

我只问一个问题：你有没有对语言文字由衷地喜欢过？欣赏过？赞叹过？感动过？痴迷过？……如果没有，那就很麻烦。

我们语文教材里的文学作品，不都是情感饱满的一篇篇文章吗？莫说一篇、一段，就是一个词语、一个单字，提出来，哪个不是滚烫滚烫的？或拍案而起，或击节赞叹，或会心微笑，或怒发冲冠……这不正是我们语言文字的魅力所在吗？

这些文学作品的阅读教学，其极致一定是审美教育。没有欣赏到汉语言文字之美，说明你的解码能力还不足。不要急于去教，硬教，如此也教不出什么好结果来。

教学中应把握好两种感觉

——诸冯学校教研座谈手记之三

青年教师入职后,初中教材教过一轮,少则三四年,多则五六年之后,会逐渐成熟起来。再看这些教师的课堂,就有些老教师的味道,举手投足之间多了一些自信和老练。这是成长拔节的变化,也是大家乐见的结果。但是也要警惕另一种倾向:过于依赖轻车熟路,会形成一种简单重复,加之故步自封,很容易堕入重复循环的怪圈。

为此,教学中教师要善于把握两种感觉:一种是"熟悉感",一种是"陌生感"。

先说"熟悉感"。学生进入课堂之前,不是一张白纸,而是思想认识与生活阅历上有了一定积淀的、有着某个年龄段共同特点的人。基于此,教师就不能心存"从零开始"的思想。每堂课都搞识字教学,近乎手把手地教,认读、一个字写几遍等。有的成了保留节目,教师也乐此不疲,甚至穿插一些接龙、开火车的活泼形式。其实一些字,学生已经接触过,认识了,应用是没有问题的。再重复,就是浪费时间了。

所谓"识字教学",就需要重新认识"生字"的概念。别看课后有些字标着拼音,如果学生都认识了,这就不叫"生字";虽然有的没标注拼音,教师也觉得是一个熟字,但是学生一读或者一写就错,这就叫"生字"。识字写字教学重点应放在这个上面:紧要处不吝重锤敲打;那些一看就会、一望而知的知识,教师就不必啰唆了。

例如《藤野先生》里的一个词语"解剖",《春》里面的一个词语"酝酿",在我上辈的人群中,受方言的影响,会读为"解剖(pāo)""酝酿(yāng)"。但是,这样的读音基本不会出现在现在的学生口中。因为方言是会与时俱进发生流变的,父辈的很多发音也会一点点变动或消亡。教师如果再不厌其烦地敲点、订正,就有点多余了。

再说"陌生感"。陌生感是教师引导学生以全新的角度观照文本时,油然而生的共鸣,以及对语言文字所产生的惊喜和感动。"熟悉的地方无风景",如果我们对进入眼中的文章是抱着千篇一律、司空见惯的心态,那么落到教学效果上也就"不过尔尔"。

一篇文章即使教过数遍,再次备课的时候,我们仍然建议以"素读""裸读"的方式,再次进入文本。放下全部的参考资料,摒弃所有的旧说影响,放下自己的成见,用一个新人的面目再次阅读文本,获得一手的阅读体验和感悟。你会赫然发现,仍然能迸出灵光乍现的火花,产生怦然心动的惊奇。

《春》中运用了大量的比喻句,如下面这句:

看!像牛毛,像花针,像细丝,密密地斜织着……

在素读的过程中,我们可能产生这样的思考:作者这么写,应该大有深意,不是随随便便顺手拈来。更换一下词语试试,用"像头发,像大头针,像游丝",怎么样?好像不如原句好。再结合前后文咂摸细究一番,"在乡下,小路上,石桥边……"这段好像全写山野乡村里的春雨,而牛啊,绣花针啊,(蚕)丝啊,这些都是乡野生活中特定的物件,带着浓厚的泥土气息。而如果换成"头发、大头针、游丝",则令人不明所以,缺乏特定的指示性,读来也索然无味。"牛毛"相比"头发",更为细密,而且还有另一特点——数量更多,多如牛毛嘛。春雨细、密、多、柔软、亮晶晶等特点,在作家笔下就这样活脱脱地被描写了出来。用语贴切,浑然天成,堪称高妙!

再如阅读经典名著《红楼梦》，在没有结论先行的情况下，不受任何观点干扰地去自由阅读，你没有看出反封建的主题，你发现里面的人物，如黛玉、宝钗、王夫人、王熙凤，一个个都是那么可爱可亲。那么，恭喜你，保持了本初的认识，而这种认识是非常可贵的。在某种程度上，甚至可能更接近作者写作的本意。

读《诗经》亦是如此，姚际恒说："不穿凿，不刻画，方可说诗。"所说极似平浅，其味反觉深长。

把握应有的"熟悉感""陌生感"，会让你的教学删繁就简，举重若轻；会触发新思考，启迪新发现。这也是使之避免油腻圆滑、陈腐老套，保持常教常新的无穷魅力的窍门之一。

"真实"是写作的生命

2019年9月23日下午，在某初中参加教研活动。第二节听一位老师的"日记写作课"，这是这位老师针对一年来学生日记写作得失，进行汇总梳理后，组织的一堂日记写作指导课。素材全部来源于日常教学，对过去一年学生日记写作的实际情况，从收获、困惑及问题等多方面收集素材，进行了全面统计、分析，并以表格形式呈现了出来。老师针对问题做了精要点评，也有涉及学生写老师的，或者老师自己的日记作品展示等环节。整堂课较接地气，课堂氛围轻松愉快，为未来日记写作建立了良好导向。

听课时，我随机翻阅旁边部分学生的日记本，发现日记以流水账居多。以下是随手拍下的一位学生的三则日记：

2019年9月12日　星期四　晴

明天就是中秋节了，我的心情十分愉快。

虽然今天的体育课没有上成，但是我们写了一节课的作业。我发现，相比于上体育课，我更爱写作业。

音乐课改为了下午第三节上，音乐课还是老样子，我们学了一首新的歌曲，又复习了旧的歌。

最后一节课上的数学，然后班主任又说了一下事并给我们看了开学考试成绩，然后，我们开始了小假期。

2019年9月13日　星期五　晴

中秋节

　　今天是八月十五中秋节，我在今天早上早起完成了数学作业。

　　然后我们便做好回老家的准备，我们先到了三姨姥姥家，后在回姥姥家路上遇到堵塞，多亏车是自动挡，要不然，爸爸要忙坏了。我们在路上堵了一个小时后到了家，舅舅一家四十分钟后也到了。

　　我们一起待到了下午4：00才回奶奶家，并又有一个多小时的车程。

　　吃过晚饭，我们便回家了。我们在家里一边吃月饼，一边看电视。

2019年9月14日　星期六　晴

　　今天又是平常的一天，上午写作业，下午学英语。

　　但在下午上英语时，因为我们放学十分晚，天是黑的（在上课中），窗户也是全开着的。

　　所以飞进来了各种各样、五花八门的虫子，弄得我们都没有办法上课了，屋子成了昆虫的天堂，打死一只又来一只，窗户关好后，终于一切太平了。

　　看看这几则日记，全是流水账。学生写得兴致索然，只对假期存有一丝好感。见闻只是简单勾勒，点到为止。房间飞进虫子，打虫子的情节倒还有一点点趣味。

　　针对这样的日记，点评指导上应有所侧重，很明显，这三则日记的生活场景，都是作者亲身经历的。毛病在于，全是点到为止，真是"惜墨如金"，不肯多着一字。修改的方法是：保持原框架不动，只需将每一个片段或情节详写几笔，一个句子用几个分句来表达，就可以了。

　　由此，想到上学期听过全国"真语文"研讨活动的一节小学写作课，执教者是特级教师张赛琴，写作的题目是《快乐的课间》。教师借班上课，师生头一回见面，怎么来写这个课间呢？高明之处就在于，张老师亲自导演和还原了课间的一场趣味投篮活动。张老师事前准备了道具：篮球、篮筐（塑料纸篓）、一桌、一凳，并耐心地与学生一起布置场景，一起参与活动，一起切身体验。

活动是从"丁零零、丁零零……"下课铃声响起开始的，张老师带领学生在走廊里设置好了篮筐（在凳桌堆叠之上放置的纸篓），讲明游戏规则：在划定的线外投球，投球以触地反弹后落入篮筐为胜出……张老师还以几支棒棒糖为奖品，调动学生的积极性，大大增强了活动的趣味性。

先是以自告奋勇的形式，组成亲自参与投篮游戏的一个小组，学生依次上前投篮。其他学生认真观察，留意每个比赛者的神情、动作。

比赛结束后，接着动笔写作。这样将课间活动真实地再现了一遍，接着让学生来写，自然而然地就变成真实可感、有话可写了。所以，学生都在很短的时间内完成了作文。

在修改评析的环节，张老师仍是借助刚才的情境，回顾某某同学有瞄准的动作，某某同学有助跑的动作，某某同学表情紧张，某某同学神态滑稽……为探讨投篮者的紧张心理状况，张老师还现场采访了当事人，了解了他们的真实心理活动。快乐课间的习作，就这样在实境体验后顺利完成，一篇篇生动有趣、真实可感的作文新鲜出炉了……

我们不禁为这样的写作教学击节叫好！这样组织的高超之处在于让学生经历真实的游戏过程。如果没有情境回放，学生就会凭空想象，写作不着边际；教师点评也会变成雾里看花，无的放矢。在共同经历的情境下写作，才出现了精彩的一幕幕，涌现出不少上乘之作。否则，学生写作、教师指导，就是空对空。

这堂小学写作训练课，整个教学过程的组织实施，就是突出了一个"真"字：真行动，真体验，真观察，真写作。事是真事，人是真人，情是真情。

其实，这正是我们写作教学中欠缺的一个方面。学生日记，追求的也是真实。真实是写作的生命。如上述学生的三则日记，已经触及了"真"字的一点皮毛，初具骨骼的轮廓，教师需要做的，就是指导学生由此生发开去，补充血肉，完善灵魂——

"音乐课还是老样子，我们学了一首新的歌曲，又复习了旧的歌"，"老样子"是什么样子？试着写几笔。"新的歌曲"是什么曲？多写一笔。"旧的歌"具体是怎么复习的？详写两三笔。"一边吃月饼，一边看电视"，这是与节日和团圆密切相关联的内容，和美融洽的氛围，相信每个人都有话可说，有情可抒，当然是值得大书特书的，完全可以分开多写数笔……

这样，在教师的指导下，将真实的细节一点点丰富起来，差不多就是一则规范的日记了。

漂亮图片敌不过一束文字

"同学们请看这幅图片——"

大屏幕上是一幅白杨树的照片,仰视的角度拍摄,画面中大片湛蓝的天空,几棵簇拥的白杨树参天耸立。

这是今天课堂上教师执教《白杨礼赞》开篇的一个小环节。教师引导学生观察:"看到这些白杨树,你们想到了什么?"经过旁敲侧击地一番启发,学生说出了"高大""挺拔""伟岸"等词语。这些字眼多数在文章中,稍加留心,不难找到。这也是教师需要的满意的答案,接着顺势开始了文章的教学。

——借助多媒体手段,给学生一些直观的印象,增加一点趣味性,这是我们老师常用的手段,好似无可厚非。

这画面虽然挺美的,但是相对于文字来说,还是逊色了一点。试述其弊,约略有三:

一是限制了想象力。教师播放这幅精美图片时,学生的注意力在图片上。对这幅图片的观察和审视,是当前的教学要求。这图片中的树是这么粗或这么细,树皮的色泽、枝叶的疏密,都清楚明白地摆在那儿,是规定好的"这"一个。

我们教材中的"白杨树"呢,是一种人格化的存在。那是"力争上游的一种树",像"北方的农民",像"守卫家乡的哨兵",并被冠以"伟丈夫"美誉的一种树,是借助想象重塑的一种审美意象。为此,作者不惜以"贵族化的楠木"(人格化的物象,需要想象力)来作比,从反面说它不具备"婆娑的姿态"(譬如"垂柳",需要想象力),"屈曲盘旋的虬枝"(譬如"松柏",需要想象力),——"算不得树中的好女子"。这些艺术形象,都是活泼的,是充盈着血气的生命体;而图片中的"白杨树",就显得过于单薄了,它怎么能跟有象征意义的"白杨树"相比呢?

更可虑的是,因为关注欣赏这幅图片,学生就不必劳心费力,不必放飞想象的翅膀。眼见为"实"嘛,他们很容易就会认为,这个就是作者高声赞美的"白杨树"。

"白杨树"不可复制,但可以想象。虚实相生的丰厚的艺术形象,欲以机械单一的图片再现,多会弄巧成拙,抹杀想象。

二是削弱了语言教学。我们上的是语文课,这是以语言教学为基本特质的一门学科。感受、认识、表情达意,主要依托的工具是语言,语文教学必然要落脚在语言文字上。

《白杨礼赞》这篇文章写于中国人民抗日战争最艰苦的时期。由于国民党顽固派消极抗日,积极反共,抗日民族统一战线濒于分裂的局面,中国共产党肩负着艰苦卓绝的抗日使命。1940年5月,茅盾应朱德邀请赴延安。在延安参观讲学期间,亲身体察了解放区军民的斗争生活,看到了抗日军民团结战斗的精神风貌,留下了深刻的印象。茅盾在西北高原走了一趟(赴新疆,离新疆赴延安,离延安至重庆)以后,回到重庆,写就了这篇著名的散文。他满怀炽热的感情,对白杨树热情讴歌,真诚礼赞。文中有数次直抒胸臆:

"白杨树实在是不平凡的,我赞美白杨树!"

"那就是白杨树,西北极普通的一种树,然而实在是不平凡的一种树!"

"这就是白杨树,西北极普通的一种树,然而决不是平凡的树!"

"白杨不是平凡的树。"

"我要高声赞美白杨树!"

……

这些滚烫的文字,回环往复,一唱三叹,自带浓郁的情绪色彩,有着明显的思想倾向性。只要大声地读出来,就能真切地感受到作者的思想情感。

根据初中生的年龄特征,基于形象和抽象思维的训练要求,阅读应更多地专注于文字,回到文本上来,语文教学的重点也应在这里。如《白杨礼赞》这篇文章,每段文字都是有质感和温度的,真正的欣赏,有时只要读读就好了,甚至用不着老师过多地讲解。

三是损伤了个性解读。图片中的白杨树,只能说是摄影者的,或者是教师心目中的。一定不是作者的,也不是文本的,更不是学生的。每个人的认知都是从文字中来的,并结合了自己的生活阅历和经验。在每个读者的脑海里,"白杨树"的形象是不一样的。

即以"白杨树"的数目为例,你愿意想象为一棵、数棵,还是一排、两排,或者一大片?都可以!因为文章中的艺术形象就是这么不断地跳荡变化的。如果硬生生地统一为图片呈现的样子,以概念化图符来解释"白杨树"的形象,"哦,原来这就是白杨树啊!白杨树就这个样子啊!"把每个人"品"的过程给省略掉了,钳制大家用一种方式来思维,用一种声音来表达,这会给人带来多么大的失落和失望啊!

事实真相虽然只有一个,但是经读者个体解读后,会体现出审美的多义性、多元化,"白杨树"的形象早已化身千百亿,根植于每个人心中了。

那么,是不是图片就不能用呢?也不尽然。语文本身就是一门综合性很强的学科。音乐的,美术的,甚至历史、哲学、生物、地理等其他学科的元素,都可以交叉渗透于其中。只是须弄明白,主体教学是语文学科的,不能"种了别人的地,荒了自家的田"。如音乐、图片,如果只做辅助工具,起到锦上添花的作用,那固然好,若不幸为图片之类所绑架,挤占甚至破坏了学生享受语言之美的空间,则可断然舍弃,毫不可惜。

一鸟在手胜过百鸟在林

2019年10月10日下午。第一节课在箭口初中听了翟洪芳老师执教的《我的叔叔于勒》。这节课的教学设计，鉴赏切入角度选择新颖。因为已有前两节课的基础，所以这节课单独对人物进行赏析。教师只选择了几组精彩文段，抓住这几段来赏读，显示出教学思路的大胆改变和匠心独运。

其实这是抓住了小说学习中最本质的东西，就是人物形象鉴赏，这是小说教学都绕不过去的。在这篇经典小说里，不论是势利眼的菲利普夫妇、令人不齿的于勒，还是没有多少台词的若瑟夫，甚至眉目模糊的"我"的两个姐姐，对于他们的描写，都有可鉴赏之处，任对哪一个深玩细嚼，都有丰富的形象内蕴与意味。以人物为中心，无疑为阅读教学选择了一个绝佳的突破口。

这节课选的角度好，新颖，课堂氛围好，收到了良好的教学效果，彰显出教师在内容处理上的驾轻就熟。这个"熟"，一方面是教师自己对文章的熟练掌握，另一方面还体现在从容自然地调动学生参与上。学生声音响亮，参与积极，思维活跃，都能在课堂上展示出来。九年级学生身上的一些常见的问题，如说话声音小、思维不活跃、回答问题不积极、交流讨论参与度差……这节课中都没有出现。

学生声音响亮，落落大方；教师教态自然，有亲和力，富有智慧；

课堂氛围轻松活泼，显示出语文应有的趣味性、生动性。

这给我们教学一个启发：课堂展示要做好，就要大胆取舍，试着做减法——像这节课，只从塑造人物形象这一点入手，切口小，内容少，易于驾驭，课上师生身手就放得开，搞得活。这也恰如曾国藩论读书：譬若掘井，掘数十井而不及泉，不如掘一井而见泉。

对于这堂课，也有一点小建议——

分析人物形象仅仅是围绕教师圈定的几段，如果这可以叫"化整为零"的话，那么，小说中主要人物形象的生动、丰满，应该是全文要共同达成的"整"。譬如文中还有其他多处描写，并且是不可缺少的。教师做得大开大合，就需注意怎样兼顾。对细节细细品评之时，不忘将眼光放之全文，照顾到前后勾连，互相注解，互为补充，这会更加有益地、全方位地完成人物形象分析，使之更加饱满，呼之欲出。

欣赏"船上遭遇"的典型几段完全可取，这是故事的精彩之处和高潮部分，而文章前面对于勒朝思暮想的期盼、插叙以前的种种劣迹，这些零星片段，也值得关注。即使只言片语，也是值得赏析的。这些统合起来，才是破解于勒之"谜"的完整版。

比如，全家"衣冠整齐"去散步的情节，"吃牡蛎"的细节，是不是菲利普夫妇心理上早已把自己当成富人，预支并消费了梦想的金钱，扮演起富人得体的装束，做出富人才有的优雅？那么，周末一家人整整齐齐地去散步，这样做也未尝不是一场隆重的迎宾仪式：说不定哪天就碰上了呢！所以，这两个细节如出一辙，是相互照应的。这样又与后面梦想成泡影后唯恐避之不及的极度失落，形成断崖式跌落的巨大反差，从而产生了一种强烈的反讽效果……每一环节都这么值得深玩细究，真是不忍错过！因此，对指定文段进行欣赏的同时，也不要轻易遗漏其他细节。

还有，关于丰富细腻的语言感受。课堂上，如果说教师说出来的多是议论性、说明性的语言，我们更希望听到学生记叙性、描述性的语言感受。语文学习不完全是提炼语词，完成人物形象概念化、漫画式的描述就了事，还需要诵读文本，回到语言中去。人物形象，在文本中刻画得很经典、很精彩，不能大而化之，匆匆一步跳过。

从人物论角度，只圈定某一人物角色进行主题式赏读，就可做满满一节课的内容。同时，对人物细腻的感受描摹不容错过。比如，文章后面的若瑟夫的一句内心独白：

我心里默念道："这是我的叔叔，父亲的弟弟，我的亲叔叔。"

寥寥一语，就值得反复诵读、感受，就能体会到人物内心迷惑、幽微和矛盾的那一部分情感。而这也正是若瑟夫与父母不一样的地方。语文课堂应该是这样的。

提一点建议，只为表明，选择小的切口，容易欣赏精深；而兼顾全体，容易使形象丰满。在实际的课堂上，往往鱼和熊掌无法兼得。所以，这堂课给我们做了极好的示范，"一鸟在手胜过百鸟在林"，揪住一点，深钻细研，掘地及泉，也是余味无穷的。

在文本中读出自我

2019年4月11日上午，诸城市教科院到舜王初中开展教学视导活动，下午在语文教研组进行了评课座谈活动，先是三位作课教师做了简短的说课反思。

于老师的《卖油翁》主要设计了以下几个环节：一、初读课文，整体感知，让学生能够复述故事内容。二、研读课文，分析人物形象，让学生能够看出陈尧咨的傲慢和卖油翁的谦虚。三、激情表演，让学生更加了解人物性格。四、通过这个故事，你明白了什么道理。主要对第三个环节的处理不太满意，对学生的表演缺乏指导。

宋老师的《老王》主要设计为三个环节：一、走近老王；二、品味老王；三、理解"那是一个幸运的人对不幸者的愧怍"的含义。第一个环节是学生自主学习，阅读第1～4段并完成表格，认识老王的"苦"，完成得较好。第二个环节是学生合作探究，找出文中最感动你的某个词、某句话、某件事，并说出原因，品味老王的"善"。第三个环节，补充"文化大革命"的背景资料，让学生理解"那是一个幸运的人对不幸者的愧怍"，学生似乎理解不了，对学生不理解的地方引导不到位。

李老师的课主要是以复习《桃花源记》为例，让学生掌握复习文言文的方法。通过练习题的形式，让学生认识文言文中特殊的语言现象，如通假字、一词多义、词类活用等。还通过对一篇课外的文言文的讲解，让学生学会并掌握解题的方法。而令其困扰的是，学生不爱学习文言文，其不知如何调动学生学习文言文的积极性。

  三位老师在课前都做了充分的准备，教学环节设计合理、逻辑性强、过渡自然，教学方法灵活多样，运用多种手段引导学生自主学习、合作学习。课堂上，学生参与积极性很高。于老师注重学生学习习惯的养成，学生的课前预习做得很好，学生的课本上使用双色笔做了满满的批注。于老师还注重夯实学生的基础，重点字词的读音、字形、意义，都向学生清楚地点出并让学生识记。于老师还善于发现文本特点。她认识到《卖油翁》这篇小文章具有贴近学生年龄特征、生动活泼、故事性强等特点，于是引导学生讲述这个故事，并鼓励学生上台表演这个故事。学生通过自己的理解并加上了"捋胡子"这样的肢体动作，逗得大家哈哈大笑。通过这样的小活动，文言文的趣味性就被挖掘出来了，整堂课进行得比较流畅。宋老师通过抠字眼、分析标点符号等方法细掘文本，分析人物形象，走进角色内心深处。如在分析老王的孤苦伶仃时，她抓住"有个哥哥，死了，有两个侄儿，'没出息'，此外就没什么亲人"这句话中的"有个哥哥"后边的逗号，前边那句话刚让人为老王还有亲人感觉到温暖时，逗号之后的"死了"，又让人失去希望，让人感受到老王确实是无依无靠注定要孤独终老，让我们认识到了老王的"苦"。宋老师适当地引用"文化大革命"的背景资料，帮助学生理解人物遭遇，加深学生对文中表达的思想情感的理解。李老师的《桃花源记》能体现出复习文言文知识的全面性。通过习题，让学生认识到文言文中特殊的语法现象：通假字、一词多义、古今异义、词类活用等。李老师还注重训练，让学生在习题的训练中系统扎实地掌握文言文知识。李老师驾驭课堂老练成熟，教法运用自如。

  对授课教师课堂的优点与亮点给予肯定之后，我也对舜王初中的语文教学提出了以下建议：

建议一：升格课堂活动，利用好课本剧表演来丰富我们的课堂，进而提升学生的综合语文素养。在课本剧排演中，剧本的编演过程是学生主动学习运用语言的过程，这能充分发挥学生的想象力，要求其将静态的符号语言转化为动态的情境语言。这一过程把语文技能与具体的实际活动结合起来，让学生在活动中学习，在实践中提升语言素养。同时，在表演过程中，为了逼真地表现课本剧剧情，学生会仔细思考并添加一些现实生活中的语言、信息。而这些会使人物形象、情节更丰富，更有生活和时代气息。所有这些思考及表现，都加深了学生对课文情节、人物情感的感受，从而能够引导学生自主地掌握知识、形成能力、加强感悟体验，挖掘了学生的内在潜能。除此之外，学生在编排课本剧的过程中内心情感不断丰富，形象思维得以加强，创新能力也在逐渐提高。因此，课本剧的表演是艺术的事，但也有语文的事，语言的表现力也能锻炼学生的审美力。我们语文老师要鼓励每一个学生都参与到课本剧的表演中来，对学生的表演制订标准并给予认真指导，让学生在课本剧的表演中焕发生机。

建议二：对文本的解读要成为每一位教师的基本功。文本解读就是在文本中读出自己的东西，读出自我。有人说读书有三个层次：第一层是用来获取知识；第二层是获取智慧，获取方法；第三层是获取做人的审美愉悦，从读书中找到自我，提升自我，完善自我。我们大部分人停留在了第一层，所以很容易丧失自我，人云亦云。如《老王》中杨绛先生的"愧怍"，很多人认为，杨先生虽然遭受迫害，但有基本的生活保障，是幸运的，而老王是生活在社会底层的弱者，杨先生为自己没有很好地关心老王而愧怍。但若细读文本就会发现"愧怍"另有原因。老王在弥留之际完成他最后一次报恩，他想要的并不是钱，而是一份亲情，一份理解。而杨绛却连老王这一个临死之前的遗愿都未能满足，甚至无意地阻止了他表达出这个愿望。这不单是杨绛个人主观原因造成的，还是当时社会环境造就的悲剧。在那个时候，杨绛无暇领悟老王的心思与情感，心中也并未将老王当作亲人。杨绛对老王的情感与老王对杨绛的情感，根本上是不对等的。多年之后，在杨绛明白老王愿望的时候，杨绛怎么能不"愧怍"呢！老王是善良的，杨绛也是善良的，他们是值得我们尊敬的，理解到这一层，教化就从这里来了。文本解读的极致是文本细读，是对精彩片段的欣赏，对重点字词的挖掘与赏析。

建议三：教学常规要精致化。学生的日记要天天写，要持之以恒；读书笔记要好好读，好好记。学生学习语文的过程是一天一天的、结结实实的积累。日记的写作，读书笔记的写作要实实在在，越具体越好，越接地气越好。教师要鼓励学生读原著。刚开始，学生可能会不喜欢，慢慢就会喜欢，这就在于教师的引领，尤其是语文教师，要和学生共读，并和学生分享读书的收获。教师也要坚持读书，《读书成就名师——12位杰出教师的故事》告诉我们，要想成长、成功，谁也绕不开"读书"二字。

接下来对老师们提出的教学中的疑难困惑，我逐一作答交流。

李晓玲老师：如何激发学生学习文言文的兴趣呢？

郝老师：要让学生对文言文感兴趣，使得学生爱学乐学，达到事半功倍的效果，就需要我们关注和重视文言文本身富含的美学元素，在教学中充分渗透审美情趣的培养，让学生在课堂上领略和感受古代文学应有的甘甜与魅力，受到文学之美的启迪与感染，从而使他们真正爱上文言文。古文字的由来彰显着文言文的魅力，可以对学生讲述某些古文字的内涵，如："礻"被称为"示部旁"，仔细看就知道是"示"字的变体。而"示"字是原始占星术用语，古人附会日月星辰包含和显示的对人事的暗示。《说文解字》："示，天垂象，见吉凶，所以示人也。"即指此。许慎还从造字角度分析，"示"上的两横代表天，下面的三笔表示日月星。"示"是人们通过对天体组合运行的观察来了解人事变化的方法。再就是引领学生阅读经典文言文，感受传统文化的魅力。

朱春杰老师：布置的阅读任务，学生不去做，如何拓展课外阅读？

郝老师：学生读不读书关键还在于教师的引领。我们经常抱怨学生不爱学习，不喜欢读课外书。学生为什么会这样？其中一个重要的因素就是教师没有成为他们阅读的榜样。很少有教师在工作之余将阅读视为自己的最爱。在如此氛围中，学生又哪能有兴趣阅读呢？对于其他人来说，阅读可能只是私人行为，唯独对于教师，阅读才具有更为深刻的意义。只有教师爱阅读，阅读有品位，才有引领学生阅读的意识，才能引领学生读好书。教师可以借鉴一些名家做法，点燃学生喜爱阅读的火种。

从案头到教室

2020年2月17日上午的教师课例研讨活动中，两位青年教师做了说课汇报，与会的30余位教师进行了线上线下点评。这是全民抗击新冠肺炎疫情期间教研形式的新尝试。没有学生在场的说课，毕竟少了一些实境效果，对于课堂预期，只能付诸"说"，而不能"讲"。说课只是案头工作，作课才是教学落地环节。现在看来，案头到教室的距离，并不比地球到月球的距离近。

准备得太多，是出现这种现象的主要原因。看得出教师课前下了很大功夫，动了不少脑筋。任务是放假前就布置的，两位老师是很勤奋很敬业的青年教师，他们进行了海量阅读，搜索了同课题名师课例，查阅了不少文献。因为准备得很充分，所以他们就想将这些搜集的材料都呈现出来。时间没有限制，其中一位老师足足说了30多分钟。旁征博引，听起来更像发布鸿篇巨制的社论。若干新奇东西纷至沓来，信息量大，一时让听众应接不暇。

——"老师说得太好了！"这是听会者的共同印象。

——"学生能消化得了吗？"这是与会者的共同疑虑。

用不了那么多，这是课堂教学实际的状况。课前的阅读，素材的准备，都是非常必要的案头功夫。但是教师不能指望把所有的知识都塞给学生。课外资源，尤其是网络资源，一是多，二是杂。很多属于专业研究成果一类的，林林总总，众说纷纭，有的甚至剑走偏锋，互相矛盾。百花齐放，百家争鸣，这都不是事儿。教师只需瞪大眼睛，区别哪些是急需的，哪些是暂缓的，哪些可有可无，哪些可以根本不必涉及……需分得清清楚楚，这是对待文献资料的基本态度。

一股脑儿拿过来，一篇课文对付几本书的素材都不为过。一节课，用不了那么多，数量必须精简，可以留取合适的备用。

消化不了那么多，这是学生年龄特点决定的。一堂课45分钟，容纳不了那么多东西。阅读教学，有的需要精读，有的只需略讲；有的适合细嚼慢咽，有的做到浅尝识味即可。学生进入愤悱状态，是举一反三，还是引而不发，视具体情况对待就好。

说课中发现教师经常提到一些名词，如"意象"等，过于生硬晦涩，这些词语有的属于学科专业术语，有的属于古今词义演变，有的无定论，待商榷。在教师眼里是烂熟的常识，在学生那里则不然，可能是"高大上"的东西。一个生僻字就能把学生弄迷糊，半天云里雾里绕不出来。有人因为某个知识在课堂上卡住了，便若有所失，纠缠半天而不得其解，你信不信？

孔子曾说过："加我数年，五十以学《易》，可以无大过矣。"五十学《易》，不早不晚，可以无大过，这说的是知识是有适学年龄的。《学记》中也提到，"幼者听而弗问，学不躐等也"，"不陵节而施"，说的也是心智年龄问题，学生有特定年龄的认知能力，理解不了，接受不了，早接触反而有害。消化不了的，宁肯暂时搁置或放弃。如果课堂容量无度扩张，无限膨胀，会让学生不堪重负，那些知识也会成为压垮学生的最后一根稻草。这就要求我们教师备课时要既能搜罗、学习，又会筛选、消化，并且还要"转码"为自己的东西，这样教授给学生，就会少了许多障碍。

这么说是不是否定备课环节，前期案头准备不重要了呢？非也。

有这么一个小故事，某人跟人家学结网到山上逮麻雀，半天后收网，发现捕获的不过三两只，不禁摇头慨叹：唉！早知如此，结三两个扣子就完了。这当然是个笑话，要是他结三两个扣子来捕鸟，恐怕一只鸟也逮不到了。

那么，有没有只结一个扣子而有实际效用的呢？有的。当地南山里，有山民怀绝技者，常设套捕野兔，只结一个钢丝扣子，竟能屡屡逮到，且所获甚丰。其实他的秘诀只有一个，他知晓野兔的行踪，了解野兔的习性，什么时间它经过什么线路，哪里是它的必经之处，奔跑中头部离地面多少厘米，几号的钢丝才能瞒过它的眼睛，对于布套过程中如何掩盖踪迹、消除气味等等，他都了如指掌。所以，他能定点锁住，只用一个扣子即可捕获野兔。

备课譬如"罗雀"，作课就是"套兔"。备课，当然素材越丰富越好；作课，则以目标精准为上佳。只要两者兼顾，有机结合起来，案头到教室的距离就会越来越近了。

行有不得，反求诸己

根据诸城市教科院统一事先安排，我们今天来到了两所市直学校调研。活动分两个半天进行，距学业水平考试还有一个月的时间，目的是深入一线，了解各校九年级应考备考工作。

在两所学校，我们分别听了一位老师的语文课。此二位都是优秀语文骨干教师，有较丰富的带毕业班经验。她们上的都是专题复习课：一为议论文，一为散文。事后我们与语文组老师进行了座谈交流。了解到在最近的一模考试中，这两所学校都是比较优秀的。在征询大家当前应考过程中遇到的困难时，还是意见不少。譬如，学生对语文学习兴趣不高，家长对语文学科不够重视，对语文的级部管理也有松懈的现象。本次考试，分析总评非常棒，但是发现优秀生数量在下降，在总成绩较好的学生里面，还出现等级B甚至C的一小批学生。看得出大家很是着急。大家议论的焦点集中表现在：临近考试，其他工作如多类项目考试、电脑选校等，占用了不少时间，挤占了一些语文课时；家长默认学生先抓其他学科，更容易见效，语文可以暂时放一放，家庭作业可以不完成；学校有的管理者误以为语文成绩已经定型，忙于"救急"，语文学科随之边缘化……面对种种不良现象，大家可能是吐吐苦水，发发牢骚。但是我认为，问题很严重，不可等闲视之。

今年诸城全市参与学业水平考试的学生有近万名，以这两所学校为例，其中一所就有一千多名考生。城区核心地带的多数孩子在本校就读，若论生源质量、学生基础、家庭经济条件、家长受教育程度等等，都是优于其他学校的。我们的精锐部分都在此，该校成绩就是全市语文学科的晴雨表。在全社会普遍关注语文教育，满世界响着"得语文者得高考"的当下，出现这种群体漠视语文的乱象，不能不说是扭曲和怪异。

大家议论也好，吐槽也罢，不必棍棒乱打，因为石头最终还是砸在自己脚上。与其怨天尤人，不如反求诸己。语文教育教学的大环境是由多方面组成的，尤其不能忽略语文教师在其中的作用。扪心自问：是不是语文教师自己的课堂不受欢迎，学生厌学了，或者是我们自己把家长带偏了呢？

譬如今天的课堂，好则好矣，但是也有美中不足的遗憾。有时气氛温温吞吞，不少学生思维处于松散状态，缺少应有的主动性和紧张感；更有一位，课堂才开始一小会儿工夫，就一头歪在课桌上，枕着胳膊呼呼睡起来，根本无视听课老师就坐在课桌一侧。语文课堂上，学生竟睡得如此安心香甜，下课铃响，一声"啊呀"，哈喇子甩出半尺长，也够让人揪心的。

剖析我们的课堂，教师已习惯传授与灌输，教学内容集中，环节干干净净，直奔主题，瞄准的是答案。教学过程是针对考试的操练，是答题技巧的训练。教师做得多的是"析"，做得少的是"赏"。跟所学体裁是议论文还是散文，关系不大。教师的语文教学，靠简单顺手的技术，翻来覆去，实际是一具剔掉血肉的僵化的骨架。文章本身，早已没有了气息和温度。文本中哲理的幽微深邃、逻辑的缜密思辨、语言的活泼优美……都被剥离殆尽。

少了感性，多了理性。是我们将课堂搞得枯燥乏味在先，就怨不得学生不喜欢；学生花了那么多时间在此门功课上，却收效甚微，也就怨不得家长"移情别恋"。

其实，这也跟成绩要得急有关。有的学校对毕业班教师保护过度，并不怎么舍得花时间让他们参与一些教研培训之类的活动，毕业班成为学科教研的真空地带。加之部分教师年事已高，安于现状，教龄在长，必要的教学理念却并未与时俱进。这也造成毕业班教师习惯以一种不一样的态度对待教学，不一样的眼光看待学生。心中天平已经失衡，剩下的只有仓皇的逐利和唯恐掉队的步步紧逼。难怪有的老教师慨叹："唉！教了几年毕业班，让我再回七、八年级，我都不知道怎么弄了……"

鲁迅先生说："真的猛士，敢于直面惨淡的人生，敢于正视淋漓的鲜血。"杂七杂八说这些，无非为提醒教师和自己，多从自身找原因，敢于解剖自我。如同我们放大了问题和缺失自我批判一样，一只小小蝴蝶翅膀振动的力量，也许真会引发风雷，撬动语文教育这艘大船，使其继续在正确的航道上扬帆启航。

教案是死的,课堂是活的

2019年4月15日,根据诸城市教科院统一部署,我们来到高新园青潍中学,上午听了关老师、孙老师、李老师、丁老师等几位青年教师的语文课。下午2:00至3:30,与语文教研组全体教师座谈。日程包括作课教师说课、评课与答问三个部分。迫于时间所限,从作课教师开始,要求每个教师就日常教学中的困惑提一个问题,我来尝试作答。活动全程由关老师记录,关老师非常热心,又十分认真,巨细靡遗,如实作记。事后,本人根据记录,稍加修改润色,略云说课内容,形成"教研手记"。

一、关于作课的意见

首先,各位老师对于自己要讲的课(下周二的推介活动)都有了充分的筹划、认识,都已经锁定了讲什么课。除了孙老师想要根据实际情况再去斟酌,其他老师都有了自己的思路。

今天上午在大家的教室看到了一些语文教学的辅助手段,还是引起了我的兴趣。比如说关老师所教班级的墙上,张挂了一种成果材料,把学生的作文、日记等一些优秀作业做成了集子,我认为这个做法是很好的。把学生最好的作业在班级里展示出来,可以让全体同学及时地看到这些优秀的作业,有利于形成标准规范,让学生及时了解最好的读书笔记是什么样子,最好的日记是什么样子,最好的作文是什么样子。

我以前跟大家分享过外地某校的做法，他们将学生每次的作文都做成一个集子，每个班或级部的优秀作文集中起来，数量也很可观。每半个月或者一个月，或者一个季度形成一本作文选，这本作文选就以复本的形式投放到级部每个班级里。这个作文选的作用是很大的，学生都是喜欢看自己同伴的作品的。他们把学生的作文都做成了彩印的，装帧设计很漂亮。我们这个学校条件很好，可以利用学校的优势资源做成彩印的作文选，这个办法还是值得推广的。建议将学生的日记、作文、读书笔记，择优装订成册，这样看起来可以更加精致。像现在这样简单地夹上几张纸，虽有即时分享的效果，但还是单薄了点儿。现在各位老师在教室的墙壁上都挂上了学生的作品，我觉得这个做法可以继续实行，并且让这个形式更充实，更完善，让这种活动层次更高一些，规模再大一些，效果更好一些，及时交流学生的优秀作业，将其扩大分享到级部、学校。

其次，就是刚才各位老师的说课，都提到了课堂中各种形式的练习，但练习并非无度的、随意的、每堂课必需的。这个练习的设计要遵循针对性原则。刚刚孙老师说在诗歌学习之后要进行一次作文的练习，还是有点勉强。诗歌中的炼字、炼句、情感欣赏、主题把握就是一种手法、一种特色。我们一直强调体裁教学，突出体裁特点，比如诗歌教学就需要突出诗歌的特点。一首短短的五言绝句教学，有的人也可以上成满满的一节课。那他们是怎么把它充实起来的？其实对诗歌的欣赏学习，我们的学生还是有所欠缺的。我们可以带着学生鉴赏学习，包括对诗歌的诵读、品味、理解、想象……诗歌的品读还是个大工程，在一堂课里面只要老师愿意就可以上得比较充实，但现在有些老师上课往往把它简单化，三言两语了事，这种简单化我认为还是我们老师对这类文学体裁的认识问题。我最近在听叶嘉莹教授在香港城市大学的有关诗词的讲座，共十讲，就是从《诗经》《古诗十九首》等开始讲，一讲下来得有100多分钟。在听叶老师讲诗歌的过程中，能听出来她对诗歌的认识、欣赏、情感等方面理解得都很到位。她讲的时候也是饶有兴味，甚至让我都怀疑：这个东西有这么好吗？这首诗真的就这么美吗？事实上就是这么好，这么美不胜收。作为听众的我觉得十分享受。所以，诗歌想要欣赏好了，有时一堂课也是不够的。这就要求我们老师在教课的时候锁定这个体裁，抓住这个体裁的特点，在语言上下功夫。欣赏诗歌本身的时间都不够用，再安排似是而非的当堂作文练习，是否挤占了诗歌的教学时间呢？

刚才各位老师的说课，关注更多的还是在环节上、形式上。今天上午上课时，看到孙老师的板书是"这篇文章写了什么，怎么写的，为什么写"，这些一直是我们上课时应该关注的问题，是每堂课都需了然于胸的问题，不需写在黑板上。这并非讲座，并非讲给非语文学科的听众听，形式、环节要服务于内容，内容就是语言。包括在讲到《一棵小桃树》《紫藤萝瀑布》时，大家对背景材料关注得太多，有些过于关注。小桃树的命运、紫藤萝的命运就是人的命运，过多地关注这些，就要花更多的时间讲，这样就损失了语文的美感。虽然语文教学关系到人文情感的教育，但是过多地讲背景及其附加的意义就不大像语文。宣扬主旨、升华情感，应当是自然而然、水到渠成的结果。

一些名师课堂很耐人寻味，它里面带了文学与文化方面的东西，而不是像我们剑走偏锋。背景等点到为止即可，无须过多渲染，最好是通过对语言文字的赏析自然而然地生发。前段时间，听很多老师讲《老王》，也是将过多的精力放在"文革"背景的介绍上，还是需要更多地关注这篇文章传达出来的人与人之间的平等、体谅、悲悯。所以不必过多纠结于背景，把精力放在语言文字本身更好。

从今天课堂的表现来看，各位老师安排了很多练习，但是少了一些琅琅书声。刚刚丁老师的说课中有朗读、范读、齐读等环节，我觉得这个设计就很好，还是要以读来推进教学。今天的课上没有听到学生的琅琅书声，甚至没有完完整整地读一段、读一句。我看到的是问答贯穿了课堂的始终。简单的问答式、灌输式教学还是要改变的。学生人数少的优势就是便于学生自主学习的组织与实施。同时，一堂课出彩的地方往往来自学生，来自学生的展示、表现、质疑这些环节，但我们的课堂还是表现得缩手缩脚。某些传统的手段，我们要大胆地用，比如说朗读的指导与训练。

再次，阅读教学中对阅读材料、阅读量的问题也要关注。我们提倡"主题学习"，在一堂课上学生可以多读些什么，要在讲课中有所体现。这不光是"主题学习"项目的要求，也是我们新教材的要求。课本后面都附带着推荐阅读的书目，大量阅读的理念还要体现出来。

上次我来咱们学校，发现班里的图书角不是很好。这回图书角的布置好了很多。也看到很多老师在名著导读上下了很大的功夫，读书笔记、阅读打卡、小专题研究等，这些做法都是很好的。

当然，我们也发现有的老师对于名著阅读的认识还是不到位，没有积极地跟进、督促。马上就要期中考试了，像《骆驼祥子》这种教材推荐的必读书目，学生应该通读完了。但是，在我听课的这四个班里，我随机问了一个学生，《骆驼祥子》读了没有，他说，没有，他说他不喜欢读。回答得很坚定，很坦诚啊！对于名著的阅读，譬如饮食，不能完全依着孩子的喜好，吃他乐意吃的，应当引导他吃应当吃的，这是基于营养与膳食平衡的要求，是养生的需要。"五色令人目盲""五味令人口爽"，是不是也有这个意思？

因此，名著阅读需要有老师的干预、督促、检查、评价，有的班学生人手一册名著，这个非常好；有的班没有书的学生，据了解，语文老师还帮着添置，不错！这就为学生的阅读提供了保障。对于名著阅读有所欠缺的老师，可以借鉴其他老师的做法，比如记读书笔记、打卡激励、阅读分享等，老师们要在名著阅读行动中做一个积极的引领者。只要想做，肯定是有效果的。

还有一个方面，就是对于学生的要求。每个班学生的水平参差不齐，通过翻检学生的作业，我们也能看出学生之间水平有很大的差距。初中刚刚开始，对于语文的学习还不能急着给学生定性。学生学习语文的路还很长呢，现在我们需要做的，是将学生从之前走的弯路上领回正道。他不会做题，不会考试，但他可以阅读小说、讲故事啊，用这些办法增加他对语文的兴味。不要放弃每一位学生，一旦放弃，造成的结果就很难堪，分层区别对待，就给他贴上了差生的标签。有学生语文考试分数得个位数，匪夷所思，令人痛心，这是当语文老师的耻辱。对于学生的要求还是要严一些，如果这个学生暂时落后，那就好好地帮助他。

最后，图书角里的书也要及时地更换、补充。有的班放了很多的优秀作文选，我不提倡放这些书。我们的书架上应该放更多的经典图书，让学生自己选择。对于在座的老师个人来讲，有的老师刚从事教学工作一两年，我还是建议老师和学生一同成长，像孙老师之前教过传统文化，这对我们的语文教学是一个很大的帮助。老师们应该从经典入手，在要求学生读之前，老师要先读，好好地读。以前读过了，也要再读一遍，以前读是休闲式地读，现在读是基于学科需求，基于知识储备，所以关注的方向不一样，自我要求也不一样，读的质量就更不一样了。

青年教师要给自己制订阅读计划，初中阶段这三年推荐的36本书要老老实实读完，得读好长时间，不能光要求学生读，老师也要读。很多老师要求学生读《骆驼祥子》，但是自己还没有仔仔细细地读一遍吧？即便目前还没有教八年级、九年级，也尽可能地把这些书早点拿过来读，课标要求的阅读书目，应该是进入各位老师阅读书目第一轮的。所以阅读是语文老师的基础工作，大家要用大量的阅读去充实自己。

这是我对今天上午四位老师的讲课的一些认识和看法。下面请每一位老师提一个困扰自己的问题。从讲课的四位老师开始吧。

二、视导座谈答问

1. 孙涛老师：一堂课是否必须要有目标？

郝老师：需要，这是一个真命题。目标教学就是当堂达标形成的一种非常直观的表述，这个目标就是课标里面讲到的三维目标。目标就是这一堂课的教学目的，是教学效果达成的预期，是教学的导向。围绕这个目标教学、训练，围绕这个目标练习、巩固、检测、反馈、修正，可以看出学生在课堂上的收获。如果没有目标，就是"盲人骑瞎马"，这堂课就是松散的。所以说目标可以让我们的课堂更加集中，更加精练，不至于散乱、漫无目的、没有方向。

当前也存在着对目标教学理解肤浅、操作机械的现象，譬如关于教学目标的表述，内容过长，表述冗长烦琐；或者在展示多媒体课件时一闪而过，学生根本没看清是怎么回事，目标的呈现过于程式化。

所以，一堂课肯定是要有目标的。这个目标即使没有写出来、表述出来，它也是真实地存在于整个教学过程的始终的。

2. 李苗老师：如何提高中下游学生学习语文的积极性？

郝老师：在对学生的调控上，应该学会驾驭课堂，关注每一个学生。如果你让那个最不愿意学语文的学生在课堂上发言了，你也就成功了。

学生有处于上游的，有处于中下游的，课堂上这种差别肯定是存在的。所以我们要设置难度不同的题目，让中下游的学生也体会到正确回答问题的乐趣，让他们也有获得感，这就是我们青年教师成熟起来的标志。至于怎么去调动，还在其次，是手段的问题，可以另外作答，另外细究。教师首先要做到的，是目中有人，关注呵护每一位学生。

3. 丁庆华老师：在备课时问题环节设置得很好，但一上课就会纠结于对某一段文本进行深挖，以至于后面的环节就显得零散了。这一点如何解决？

郝老师：课前的备课只是一个蓝本，课堂上突发的、生成的事件，会改变课的进程。你说的对于文本的深入探究，这不是一个损失。只要不是旁逸斜出，学生的收获还是会有的。学习语文是一辈子的事，它不是一站式的，不会将所有的问题一次性都解决。所以教学设计提倡更小的切入点，这也是我们备课中特别需要注意的，这个切口小一点，内容可以紧凑一些，能力点更集中一些，这都是需要的。所以，文本能够深究下去，是课堂非常好的节点。老师只要善加捕捉，有效利用，教学内容调整得当，一样能提升学生的语文素养。

我觉得这不是什么大问题。譬如有的教师作课，匆匆忙忙地赶进度，要完成教案预设的各个环节。下课铃响了，手忙脚乱地草草收场，还恋恋不舍地说，由于时间关系，未完成某个环节，像是很抱歉的样子。就这个环节，如果不是自己反思时说到，又有谁知道你设计了？为教案所困，不懂割爱，也是某些教师课堂的弊病。

教案是死的，课堂是活的。

4. 关婷婷老师：如何将文本解读得更加深入？

郝老师：这个是青年教师共同存在的问题。对于文本的解读，所有教师应该坚持将其放在第一位，文本解读我们有很多可以凭借的，教参、其他各种资料。最一般的课堂就是照着教参上课。文本解读讲求个性化的解读，课堂上能够打动学生的地方，往往也是教师自己对文章的理解，这是最深刻的。别人说的都是常识化的，多是一望而知的知识。

语文也是一个常教常新的学科。例如对于《背影》这篇文章，可以从不同的教师那里得到不同的收获，而四次落泪，三次背影，这是最基本的、平平常常的。我们提倡"裸读"或者"素读"，不借助任何教案及辅助资料，教师自己读出的感受认识是第一手的资料，这样，学生就更容易产生共鸣。说的是别人家的东西，就进入不了文本，打动不了学生。

就像所有人读《红楼梦》《三国演义》，在青年、中年、老年不同的心境下，会有不同的阅读体验，名师课堂让我们心动的地方一定是这个教师对于文本独特的解读。所以，文本解读应该是青年教师的一项基本功，文本解读是需要细细去做、反复去做的一件事情。

5. 闫龙超老师：有这样一句话，"好的老师应该贴着学生飞，而不是贴着教案飞"，那如果被学生带偏了，还算不算一堂好课？

郝老师：这里面可能混淆了两个概念，"贴着学生飞"是教学法，"贴着教案飞"就是教学目标。不关注学生的话，在学生眼里就是高大上的，让学生有一种疏离感；"贴着学生飞"就是接地气。《诗经》《古诗十九首》为何这么精粹？里面说到的很多内容都是实际层面的、真实的，美人是实际存在的，这和唐诗宋词中的不同，人物形象是不一样的，那些是诗人心目中虚拟的。我们的教学，如果不"贴地走"的话，学生就跟不上来。这是着眼于学生实际知识储备、认知水平、社会阅历的教学。

"贴地走"并不意味着一味地迎合学生，课堂要引领他们向上。课堂并非一地鸡毛，也不是信马由缰。教的时候虽然是贴着学生教，考虑到了学生的知识储备、认知水平、社会阅历，但是教学还包含思想的教化、三观的引领等要求。所以，如何处理好迎合学生与引领学生、一地鸡毛与信马由缰这两个矛盾就是摆在我们面前的实际问题。既要关注现实的学情，又要关注课程标准的要求、社会时代赋予学科的定位，也要有自己的明晰的取向和引领。这样，学科教学才不会跌入无法超拔的尴尬境地。

6. 毛春蕾老师：教材中的自读文本可否让学生自学？

郝老师：自读文本还是应该放手给学生的，这是一种建议，不强制。如果你觉得自读文本非常精彩，你愿意把它上成教读课，也未尝不可。有些要求教读的课文很浅显，无须投入更多精力，那就处理为自读。教材的建议，就是教读课文扎扎实实地教，得法；自读课文就要节省一些时间，让学生多读，得益。这是得法与得益的关系，教师根据实际需求，区别对待就好了。

7. 白玉红老师：新课标中要求要通过丰富的实践活动，去推进我们的语文教学。在当前的形势下，课时有限，除了鼓励学生，给他们提供更好的平台外，还有哪些"金点子"可以更好地撬动他们学习的兴趣点和兴奋点？

郝老师：统编语文教材给学生设计了很多活动。咱们学校也有很好的氛围，在多种活动方面的组织设计，也是很用心的。今天中午，学校广播了有关诗歌朗诵的通知，这就是一种非常实在的活动，不要小看它的作用。最近，在昌城树一中学的潍坊阅读提升工程推介活动中，二三十位年轻教师上台展示朗诵，给了我很深的触动。包括挑选学生上台展示《少年中国说》，虽然只有短短几分钟，但对每个参与者的激励作用却是不可低估的。

当然，针对咱们学校的情况，应该对"活动"进行重新认识。不是说跑到教室外面去才叫开展活动，跑到社会上的才叫活动，教室内同样可以很好地开展活动。例如，安排学生针对《骆驼祥子》的五个专题举行读书鉴赏分享会，就是在教室内进行的，这不就是活动吗？这是一种积极的思维活动，积极动手分析问题的实践活动，这样的方式也很好。

课本中，很多都设计了综合性学习单元，这些就是语文实践活动，很实用。教师们自己搞得也很好，要相互补充。活动，多多益善，特别是新教材还设计了新闻、演讲、诗歌、戏剧四个实践探究单元，这四个单元若不开展扎扎实实的活动，就是一种极大的资源浪费。这四个单元的学习，就应当组织实践探究，比如撰写演讲稿并当众讲演，戏剧就要登台进行角色表演，针对某种活动写通讯报道，尝试诗歌创作，等等，实践、尝试、应用，这样就会形成切实的语文核心素养。

所以，语文实践活动要多多开展，要多给学生提供平台，创造机会。

课堂需要什么样的辩论

近日，听一位教师教《中国人失掉自信力了吗》一课，教师导演了这样一个辩论的环节：大屏幕上展示出一个硕大的"辩"字，字体还被艺术处理为一半红一半白，左右各标明"正方""反方"，氛围营造得浓浓的。教师将全班同学分成了两派：一方持"中国人失掉自信力了"，一方持"中国人没有失掉自信力"。稍作酝酿后，开始展示辩论。两个阵营的成员都站起来，面对面地展开了辩论。互相之间唇枪舌剑，都为自己的论点罗列论据，陈述道理，场面很激烈，很热闹。教师给了若干肯定表扬，最后得出结论："中国人没有失掉自信力"。

组织辩论，教师的用意肯定是好的，让学生在论战中锻炼逻辑思维，锻炼语言表达，真理愈辩愈明嘛。但是，观课的整个过程，我的心一直悬着，老为学生捏着一把汗：那些持反对意见的同学，如果误打误撞，临阵倒戈，那可怎么收拾？文章中也是这么说的，"失掉了他信力，就会疑，一个转身，也许能够只相信了自己，倒是一条新生路"。

这是可能的，因为这两派是教师临时指定的，并没有征求同学们的意见：你乐意持正面意见，还是持反面意见？被划为反方的，说不定有的同学老大不乐意，让我当反方，凭什么啊！不乐意归不乐意，还得硬着头皮上，还要做出剑拔弩张、针锋相对的样子来。

结果表明，我的担心是多余的。学生按既定角色推进，没有出现临阵倒戈的现象，规规矩矩地完成了这场辩论，各得其所，皆大欢喜。

事实是什么呢？鲁迅先生在这篇文章中的观点明明白白，虽然抨击某些人失掉自信力，有他信力，但这是事实，所以泾渭分明，是非清楚。作者所执态度既然明朗，再硬让学生扮演假想论敌，就是真做戏，显得教师用心不厚道。

据说苏格拉底就奉行论辩术，是一个天才的好辩手。他提倡的辩，不论什么性质的对辩，都是以战败对方、自己获胜为目的的。让学生持一种根本没有什么"自信力"的观点来参与辩论，毕竟心虚，根本找不出什么像样的证据自圆其说，或者说毫无疑问地要以完败收场。把一种看得见的绝望结果，摆在这倒霉一方的面前，力量对比悬殊，舆论一边倒，他还辩个什么劲呢？

课堂上学生看起来的言辞激烈，表情生动夸张，肢体动作丰富……就给人留下一种印象：表演！假的！明知自家不对，还振振有词，强词夺理。这便会显得胡搅蛮缠、滑稽可笑了。

有时候我们追逐教学形式，往往掩盖了一些本质的东西，不知所为何来。教师拿一个假问题让大家辩论，煞有介事地忙活一通，好了，结论已清，鸣金收兵。教师是如释重负地松了一口气，学生心头可是系了一个疙瘩：又被"导演"了一场。俗谚云："抓着头发打了一顿仔细一看，是个秃子！"差不多说的就是这种劳而无功的假把戏。

一小部分教师的课堂受这种"表演"思想荼毒已久。学生进入课堂之前，明明是一群有着知识储备的人，教师偏偏忽视，将一些已经掌握的东西颠来倒去讲解；一些"一望而知"的知识，教师却喜欢花费时间重复，好像不讲一下不放心，教学成为因循守旧地走形式。这是做给自己看的"表演"。还有一种是做给人家看的，上观摩课、公开课，教师把一些问题或"角色"事先分配给大家，课堂上就按部就班地走过场。

不管是做给"自家"看的，还是做给"人家"看的课堂，都忽视了学生的基础和真实需求，这样的课堂害人不浅。我们课堂上到底需要什么样的辩论呢？就是追求真实情境，不自欺欺人。事情的确存在分歧，存在争议，双方势均力敌，方可对垒辩论；否则，就勉为其难。将那些有辩论必要、有探讨价值的论题拿来辩论，哪怕各执一词，得不到什么统一的结论，也是好的。

老师也要学会做减法

2019年9月24日,下午,诸城市实验中学初中部。

第一节课,在文盛楼听赵老师讲《沁园春·雪》。本节课教师安排了较多的学习内容,涉及基础知识、文学常识、上阕下阕内容、语言特色、表现手法等,可谓巨细靡遗,满满登登。因为各个环节层层密打密排,所以课堂是在教师不停地提醒催促下推进的。一节课时间非常紧张,师生都略显疲惫。对此,我有一点建议:教师也应学会做减法。

那么,从哪里减起呢?

一是减内容。教师在教学内容设计上常犯的毛病是面面俱到。觉得这也重要,那也重要;这个是重点,那个经常考。到头来,把课堂这挂马车,弄得不堪重负,艰难前行。以今天的课堂为例,教师单将丰富的数十页教案,以中等语速,从头念到尾,这课差不多就这么结束了。许多内容,都是一闪而过,根本来不及展示,因为没有时间。若是初登讲台,要试讲的话,这么做似乎情有可原,给人一个相对圆满、完整的印象嘛。

实际的课堂教学则不然。如课堂上的识字教学,就应当完全放给学生。教师在课堂上用教杆敲着黑板,带领学生逐个生字念三遍的做法,并不适合初中生。要培养学生借助工具书查阅的习惯,认字识字应当是学生自己的事。

再如介绍作者,人物是伟大领袖,属于公众人物,再逐一介绍籍贯、评价，就显得多余。这些内容，会在学生的生活中反复出现，在其他学科，如历史、道德与法治等也会有专题出现，根本不需要单独重复介绍。

学科知识可以分为三种：一种是学生已经学会了的，一种是学生通过自学可以掌握的，一种是需要经过努力才能完成的。删掉第一种，学生都会了，老师还在起劲地喋喋不休，就是浪费时间了；甄别过滤第二种，取舍本节课要学习的内容；精力放在第三种上，确定教学难点和重点。这样删繁就简，会大大缩减学习内容。

二是减头绪。日常观课中，常见不少教师什么好方法都想尝试一下，教学方式、手段、工具，等等。一节课搞得像十项全能大比拼似的，其实大可不必。

比如这节课里，开头，老师安排了一个欣赏大合唱《沁园春·雪》的节目，因为这段视频有5分多钟，老师就适时打住了，说太长了，先欣赏这些，感兴趣的话，课后再去听听吧。听听音乐，舒缓一下情绪，营造一下氛围，本也无可厚非。但是从语言教学的角度出发，欣赏诗词语言为主，音乐元素次之；从惜时增效的要求出发，则可放到课后。

课堂里面的任何一环节，都是需要时间填充的。好的音乐听一听，优美的画面放一放，小组合作还要来一拨……这样一番操作后，真正能够自由支配的时间，就所剩无几了。本课回头从"北国风光"进入文本欣赏时，离下课还有15分钟。教法运用、教具选择、活动设计、环节安排等，同样以精简为上。适合的，就是最好的。

三是减赘言。关于语文知识，教师有许多的不放心，觉得只有自己讲了才踏实，这是通病。今天的两位教师都是从头讲到尾，课堂上多是教师的声音，风头大大盖过了学生。

叶圣陶先生曾强调无论担任哪一门功课，决不专做讲解工作，而是"让学生自己试读试讲，求知文章的意义，揣摩文章的法则；因为他们一辈子要读书看报，必须单枪匹马，无所依傍才行"。语文教师不能一辈子伴着学生,给他们讲解书报。

　　高明的教师是什么样子?叶老也给我们指明了方向:"教师的工作只是待他们自己尝试之后,领导他们共同讨论;他们如有错误,给他们纠正;他们如有遗漏,给他们补充;他们不能分析或综合,替他们分析或综合。这样,他们才像学步的幼孩一样,渐渐地能够自己走路。"

　　课堂赘言不光表现在教师乐于讲解上,还表现在说话随意上。

　　课堂中那种简单的"对不对?""是吧?"征询,其实老师并不需要答案。但是学生还要回答"对",或者"是"。这种对答,在一节课中出现一回两回尚可,出现次数多了,遍布课堂,就成了口头禅,就是一种单调乏味的碎问碎答。其实就是说话啰唆,语词贫乏。有的老师学得巧了,不问"对不对、是不是"了,改成"你同意吗",其实是一个味儿。你说得对,不问学生,学生心中也自会点头;你说得不对,无疑而问,学生也乐得做个不动脑筋的应声虫。

　　减赘言,戒琐碎,最好做到要言不烦,惜字如金。

　　我们这样做好了"减"的功夫,清清爽爽,轻装上阵,放下包袱,开动机器,课堂方能进入正常运转的轨道。

从"人"着手就好办了

近日,市教科院组织了青年教师课堂教学大赛,有32位青年教师参加了赛讲。根据事先通知要求,课堂教学需体现"语文主题学习"的理念。此并非仅是该项语文课程改革项目的基本精神,统编语文教材也体现出"1+X"教学思想。殊途同归,这是语文教学大量阅读的必然旨归。从教师讲课情况反映,部分教师对此不甚明了:有的随意拉过来一篇文章补缀在后面;有的是简单地叠加几篇文章;有的拓展后尾大不掉,搞得没法按时收场……所以,就这个问题有必要探讨一下,到底怎样才是好的主题拓展?

"语文主题学习"拓展内容的基本特点,是课内课外的有机结合,选择与课内篇目相似、相关,甚至相反的文章,放在一起来学习。以此为基本模型,包括课内文章间的组合,以及与课外文章的组合等方式。如果仅凭这个标准即可进行主题阅读教学,那么,教师选择的范围势必就会漫无边际。

因此,我们观察到了某些教师课堂组合的内容,若即若离,不痛不痒,呈现一种松散勉强甚至鸡肋的状态。

2019年11月29日,北京亦庄实验中学来青潍中学送课交流,杨宏丽老师执教了一节群文阅读的大课(两节连堂,100分钟),将鲁迅的四篇课内文章进行当堂阅读,收到了非常好的效果。特别是其将四篇文章连缀成篇，独具匠心，给予我们很大的启发。

杨老师用的工具之一是"比较·推敲"，针对《故乡》《社戏》《孔乙己》《藤野先生》四篇文章中的"偷"这一行为进行斟酌。这真是一个非常巧妙的着眼点，这四篇文章中的确都不同程度地涉及了"偷"。虽然同是"偷"，却又各不相同。请看——

1."不是。走路的人口渴了摘一个瓜吃，我们这里是不算偷的。要管的是獾猪，刺猬，猹。"

（《故乡》）

走路的人摘一个瓜吃，无异于从自家地里摘的，不算"偷"。这个"偷"字用在这儿，反映了民风淳朴，透露着人与人之间的友善和谐。

2."阿呀阿呀，真是愈有钱，便愈是一毫不肯放松，愈是一毫不肯放松，便愈有钱……"圆规一面愤愤的回转身，一面絮絮的说，慢慢向外走，顺便将我母亲的一副手套塞在裤腰里，出去了。

（《故乡》）

这里杨二嫂的小偷小摸行为，活化出其好贪小便宜的心理。这里的"偷"，折射出岁月的淘洗在"豆腐西施"身上留下的种种粗鄙和不堪。

3.阿发一面跳，一面说道，"且慢，让我来看一看罢，"他于是往来的摸了一回，直起身来说道，"偷我们的罢，我们的大得多呢。"

（《社戏》）

4."双喜，你们这班小鬼，昨天偷了我的豆了罢？又不肯好好的摘，踏坏了不少。"我抬头看时，是六一公公棹着小船，卖了豆回来了，船肚里还有剩下的一堆豆。

（《社戏》）

这两段写的是月夜返航中"偷豆"的情节及第二天的后续故事。第3条中阿发主动说"偷我们的罢"，因为"我们的大得多呢"，这是纯朴的友情使然,阿发乐意被"偷"!第4条中六一公公的责怪:"昨天偷了我的豆了罢",给读者的感觉,这是带着笑声的,那种爱昵又明显多于轻微的嗔怪,简直就是开玩笑了。"偷"豆的情节中蕴含的浓浓的人情之美,扑面而来。

5. 他们又故意的高声嚷道,"你一定又偷了人家的东西了!"孔乙己睁大眼睛说,"你怎么这样凭空污人清白……""什么清白?我前天亲眼见你偷了何家的书,吊着打。"孔乙己便涨红了脸,额上的青筋条条绽出,争辩道,"窃书不能算偷……窃书!……读书人的事,能算偷么?"接连便是难懂的话,什么"君子固穷",什么"者乎"之类,引得众人都哄笑起来:店内外充满了快活的空气。

(《孔乙己》)

这里的"偷"反映的是孔乙己的劣迹,他的确有这方面的毛病,并饱受其苦。而他的辩白,只是软弱的强词夺理。这个"偷"字,刻画出社会制度的压榨和逼迫在一个穷困潦倒的可怜虫身上留下的深深烙印,从一个侧面揭露了科举制度的罪恶。

6. 我这才回忆到前几天的一件事。因为要开同级会,干事便在黑板上写广告,末一句是"请全数到会勿漏为要",而且在"漏"字旁边加了一个圈。我当时虽然觉到圈得可笑,但是毫不介意,这回才悟出那字也在讥刺我了,犹言我得了教员漏泄出来的题目。

(《藤野先生》)

这一段中虽然没有出现"偷"的字眼,"我"被诬陷早得到了教员泄露的题目,其实也是被强捏以"偷"的罪名。这是纯粹由于民族的软弱,招来的欺侮和攻击。这里揭露了日本学生歧视"我"的丑恶嘴脸,以及"落后就要挨打"的残酷事实。

在这个群文阅读中,"比较·推敲"是工具,同时也是任务,在一系列对"偷"字的玩味咀嚼中,品味鲁迅先生有张力的文学语言,将不同的文本自然贴切地组合起来,较好地服务于"无地彷徨与精神还乡"这个阅读主题。比较与推敲的过程,就是阅读文本的过程,也就是主题学习的过程。

教师的匠心不止于此。在这个群文阅读活动的设计中,还有更为丰富的内容,在此不烦细述。最值得我们学习的,在于教师是根据"人"的需要来设计组织内容的,从"人"入手,教学出发点是学生的需求,设计简洁实用的任务单,循着"认识鲁迅—读懂鲁迅—获得智慧"的思路一步步推进。课堂上,学生才是学习的主人。九年级学生通过三年的学习,对鲁迅作品已经有了整体的印象,缺乏的只是综合和提升。为此,教师尊重九年级学生的基础学情,为学生量身定制适合的学习内容——四篇鲁迅作品的群文阅读。反思我们的教学,是不是还停步于"有啥教啥,教材什么样就教什么样,教参怎么说咱就怎么说"的境地?在这样的教学中,别说着眼于人的需求,教师和学生都沦为教学的奴隶还不自知。

从学生的真实需求着眼,教材、教参只是为我们所用的资源。"弱水三千,只取一瓢",阅读的文本字数虽然多,但训练点相对集中,从牵一发而动全身的重点字眼揣摩入手,提纲挈领,纲举目张,语用的训练、人文主题的品味,都得到了落实,课堂结构也显得精巧灵动。这样处理,"为了谁"的疑惑得以解决,学生作为"人"是站着的,教师也会从亦步亦趋的泥淖中解脱出来,课堂自然会出现一种新气象。

从"人"着手设计课堂内容,就好办多了。主题学习如此,语文教学如此,所有事情亦是如此。

要"热闹"还是要"实效"

2019年3月14日,到龙都初中进行语文教学视导活动,下午在四楼大教室集合,参与座谈人员为语文教研组成员,共13人。近年来,新教师增员较多,一解本市多年青黄不接的窘境。有志于教育事业的青年人,悉数被开榜罗致,所以各路人才汇聚,蔚为大观。上午听的两节语文课,执教者是张老师和牛老师。自由提问环节,也是非常积极、热烈、有意思。现将与四位提问者交流对答的过程摘要记录如下。

(一)

邴涛老师:最近刚学完七下第一单元,本单元主要介绍邓稼先、闻一多、鲁迅这些名人,主题是学习名人精神。第一单元结束对应的作文练习是《这样的人让我_____》。我在作文指导课上给学生们提示了几条思路供参考:一是可以写历史人物,找出在精神、事迹上有相似点的人,如文天祥、岳飞、陆游这一类精忠报国的,或者邓稼先、闻一多、鲁迅这一类为国家、为民族鞠躬尽瘁、死而后已的;二是可以写在《感动中国》年度人物中出现的人物;三是可以写自己身边的小人物,取他们身上的闪光点去赞美。当然也提倡学生根据个人想法自行取材构思。为了写好作文,我还特意拿出上课时间让学生观看了《感动中国》这档电视节目。我原本认为这篇文章素材好找,应该比较好写,但在批阅学生的作文时发现问题百出。首先,学生脑子里的储备太少,知道几个历史名人,但说不出他们的主要事迹,也就无法阐明人物精神;其次,学生从网络上查了一些名人资料,但不会挑选使用,写人物就像做简介一样,更有甚者连出生和死亡时间也写上了,通篇读下来味同嚼蜡;再次,有部分学生是选取了所观看的节目中的人物,可是在叙述上也不尽如人意,要么照本宣科,要么不会提取概括,缺乏自己的思想和语言。面对这个问题,我也很困惑着急。

郝老师:造成这种现象的原因从根本上来讲还是阅读太少。因为阅读量少,所以学生的信息储备就少,就造成了学生在作文中无话可说的现象。学生写作中提到的典故,用到的素材,翻来覆去就那么几个。平常积累得少,老生常谈,听的人耳朵起茧子,看的人也审美疲劳。写作材料也是要出新的,还是要求老师们重视并加强阅读。再者,应该引导学生多看一些像《朗读者》《中国诗词大会》这样的语言类好节目,注意不能让学生单纯地泛泛地看,那样就会成了看热闹,素材积累的意义就差一些。可以让学生边看边做记录,这样,经过长时间训练,就能提高学生对事件的概括复述能力。还有,最好能与自己的日记联系起来,把看过的内容加上自己的感受体会,整理成不限篇幅的日记,这样对写作更有帮助。

不要急于一下子解决写作这个大问题。把写作中存在的小问题逐一克服,专题式地重点解决一些问题,学生的写作水平自然也就会逐渐提高。让学生看到自己的点滴进步,就会激发他们的写作兴趣,有了兴趣这位最好的老师,学会写作,爱上写作也就指日可待了。

(二)

李境圣老师:问题一,当前的初中戏剧教学应采用何种方法策略?

郝老师:传统的戏剧教学,就是文本学习,跟学习其他体裁的文本没有什么分别。但是统编教材的编排意图就不同了，戏剧教学偏重于实践和探究。将戏剧变成舞台的表演，是一种不错的选择。许多学校的校长高度重视戏剧传承，即使不为戏剧文学体裁的学习，也鼓励师生广泛参与，组织排练课本剧甚至整本的戏剧，效果很好。毕加索曾说过："每个孩子都是天生的艺术家。"戏剧表演是在学生阅读文本、初步理解文字的基础上，把理解付诸实践，又在实践中升华理解的一个过程。不足之处是耗时长，投入的精力多，无法在大规模背景下展开。我们在课堂上，有这种意识，做积极的尝试就是很好的。再者，可以充分利用网络，搜寻一些相关的影视资源，特别针对一些经典选段，组织学生欣赏。另外，抓住剧本中的精彩片段，如历史剧《屈原》中的"雷电颂"部分，对其进行精读赏析，也是一条好的途径。

李境圣老师：问题二，根据我对近几年中考作文命题的统计分析，发现材料作文所占比重很大，在今后的期中、期末考试中，命题和半命题作文是否会大幅缩减呢？

郝老师：某种作文命题形式在一个时期出现得多，这只是一个偶然现象，不代表会成为主流。若以此为教学导向，淡化、削弱其他类型写作训练，就会走偏。放在一个更长的时间段来看，哪种写作命题形式都不少。同一种形式频繁出现多年，也差不多该转向，换换方式了。

今后的作文教学应以教材为纲，把教材上设置的写作训练内容搞好，逐步提高学生的写作水平。作文命题也会与时俱进，紧跟时代步伐，及时作出相应的改变。我们将重心放在日常写作教学上，扎扎实实地做好教材中规定的各种训练题目，保证相当的训练量，达到课程标准的基本写作素养要求，以不变应万变，不论应对什么形式的作文命题，都不在话下。

（三）

张萌老师：新课改的课堂上，学生的主体地位好像是提高了，尤其是在公开课中，学生会表现得更加活跃。但是在实际教学中却发现真正让学生动起笔来写一写时，学生往往无话可说，甚至默写古诗时会出现错字连篇的情况，写得一塌糊涂。针对这种情况，想请教一下，在教学中如何让学生在热闹的课堂上实实在在地收获更多？

郝老师：当前，学生的基础不牢固、基本知识掌握不扎实的现象是普遍存在的。课堂的"热闹"与课堂的"实效"如何有效平衡，正是需要我们教师反思、校正、认真对待的。

首先是兴趣。只有能激发学生的语文学习兴趣，使他们能积极主动地参与教学活动，真正成为学习的主人，能切实提高学生的语文素养的语文课，才是有效的语文课。热闹的课堂，是教师着意营造的，还是出于学生自主自觉产生的？后者，才关乎真正的兴趣培养。不管是常态课也好，公开课也好，如果热闹只是人为的追逐，为热闹而热闹，让课堂沦为肤浅的杂耍表演，那就是不值得称道的。

其次是课堂。教师要永远守住并管好"课堂"这个主要阵地，问题一定要放在课堂上解决并落实，不搞形式主义。语文课堂需要真问题，真研讨，真练习，真收获。挤去水分，撇去泡沫。有些老师将课堂上的问题拖延到课后，煞有介事地让学生课后完成，基本没有什么意义。

再次是习惯。我们要学习那些行之有效的优秀经验和做法，将所有的收获落在实处，甚至落在纸上。譬如阅读课，把阅读的主动权还给学生，给学生充分的时间，让他们潜心读书，深入思考，让学生真正地与文本对话，与文本交流。同时加强培养学生随手勾画、圈点、做批注的良好习惯。我个人比较欣赏朱批满篇的阅读形式，夹批、旁批、眉批等，古人也喜欢用这种方式读书。看到有的学生的课本用了一个学期还是崭新的，不着一字，不染一尘，对此表示很不理解。不动笔墨不读书，勾勾画画是必不可少的。那些在课本的插图上涂鸦搞怪的做法，也未尝不是一种另类的创意表现。

热闹是课堂活跃的标志，但不能以损失教学效益为代价。如果追求的是浅表的热热闹闹，那么学生就没有什么实质的收获。课堂上只见唾沫横飞，更有甚者，为争夺一两分的奖赏，锱铢必较，揎拳捋袖……这已经偏离了我们的初衷。这种热闹，不要也罢。

（四）

金蓉老师：语文课程中，阅读和写作是两个重要组成部分，两者是相辅相成的。促进写作能力的提高，做好读书笔记是重中之重。对此，想请教该如何做好读书笔记。

郝老师：做好读书笔记的目的有三个：一是让阅读活动"物有所值"，二是加深记忆与理解，三是将收获为己所用。读书笔记，除了刚才说的圈点勾画法，还可以有三类形式：一是摘抄法，就是读一本书、一篇文章时，把其中的一些好的词语、句子或者精彩的段落摘录下来，抄在本子或卡片上。这是最简单、最容易做的，也是最灵活的读书笔记法。在笔记本里，记录与书有关的任何信息，包括提要、梗概、序言等等。它就像一个容器，可以往里面放任何东西。只要有需要，随时可找到当初记录的内容，非常方便。二是评注法。就是写出自己阅读中随时的看法和评价。可就某个观点、某个段落做简评；可列提纲，把书、文章论点或主要论据扼要记叙下来；还可用写一句话做书评、摘要式综合全文要点、概括主要内容等形式点评。三是心得法。就是写读后感，读书或读文章后写出自己的认识、感想、体会和启发。长短自如，也是很好的做笔记方法。

何处不是教语文

2019年6月5日，星期四。上午第二节课，在青潍中学听完李苗老师上的《河中石兽》之后，我利用第三节课的时间，和语文组部分老师进行了座谈交流。座谈主要有四部分内容：1. 李苗老师做说课反思；2. 白玉红老师做语文组阶段性课程建设汇报；3. 语文组每个老师谈谈本学期从事语文教学的收获和感悟；4. 小结。

第四节课还要进行调研集中反馈，时间宝贵，每人发言限定三至五分钟。座谈由闫龙超老师做记录。事后根据记录，酌情修改整理，成稿如下：

一、语文组11位教师的发言

（一）说课分享

李苗老师：《河中石兽》的教学分为两个课时，今天所上的是第二课时的内容。第一课时，完成了课文前两个段落的教学。第二课时，计划把第三段分为两部分进行教学。重点是疏通文意，解决重点字词。在具体教学过程中，教师先进行了范读，然后学生齐读课文第三段。利用了小组合作的方式翻译句子，找出重点字词，并逐字逐句进行翻译。

（二）课程研发

白玉红老师：七年级的语文教学以学定教，注重课课练、阅读的拓展以及写作的指导。八年级的教学模式是单元整合教学。目前，八年级单元整合资料已基本整理完毕，等待出版。新学期将在初一、初二两个年级开展单元整合教学，重点放在教读引领课和拓展课上。在新学期的教学中，语文组将在课型的设计和流程方面进行改进。期待专家在语文单元整合教学方面给予指导。

（三）教师发言

尹喜泉老师：在近一年的语文教学中，收获最大的是学生的成长。在语文单元整合教学中，单元预习课作为常用课型进行，学生能在课堂上通过自己所学的知识进行预习和归纳。组文阅读课给了学生阅读的时间和空间，在阅读的深度上有所突破。

董爱华老师：在语文单元整合教学中，学生对基础知识的掌握更加扎实了，尤其是文言文的整合教学，有利于学生阅读更多的文言文，提升学生的古文素养。在教学过程中，有一点困惑：在语文单元整合教学中，教读引领课和拓展课在时间分配上该如何把握？

李苗老师：分层作业的方式更有利于学生的成长。在对学生作业的探讨上，提倡针对不同的学生布置不同的作业。教学过程中出现的问题是：在培养优秀学生方面该采取哪些具体措施？

贺春蕾老师：来到青潍中学，在近一年的语文教学中，在语文教研活动和语文单元整合教学方面收获很大。通过教研活动，教师能更好地把握教材，同时也在单元整合方面积累了一定的经验。关于作业的布置上，作业类型增多，有利于学生素养的提升。在教学过程中，与董爱华老师有同样的困惑，在语文单元整合教学中，教读引领课和拓展课在时间分配上该如何把握？

管恩超老师：对语文单元整合教学有了整体的认识，在对文本的把握和课堂效率的提高上也有了较大的提升。

关婷婷老师：对名著阅读更加重视。在名著阅读方面，采取了课前小测、阅读评比等方式促进学生的阅读。给学生提供一个平台，学生的表现会越来越好。在今后的语文教学中，对学生的评价方面还有待加强。

毛春蕾老师：七年级语文教研活动中，对文本的分析很透彻，在逐字逐句的分析中，自己对文本的把握更加深入。在教研活动中，对学情的分析，有利于对学生进行更有针对性的教学。在日记教学方面，虽然少数学生没有坚持到底，但坚持下来的学生进步很大。

孙涛老师：在教学过程中，我认为自己还有很多不足之处。在分类教学方面，没有针对不同学生采取适合学生的措施。在教学落实方面，针对学生的检测偏少。在培养学生的学习主动性方面，学生的自主学习能力还不足。在课堂方面，课堂的人文性还有待加强。有一点困惑：如何通过语文来影响和浸润学生的心灵？

闫龙超老师：来到青潍中学近一年，自己在思想认识上的收获主要有两点。一是对语文的认识上，我们的语文教学活动应该致力于提高学生正确理解和运用汉语言文字的能力，提高学生的语言文字敏感度，在教学过程中，应将学生的思想、情感和情趣有机结合起来。二是对学生的认识上，很长时间以来，语文教学的课堂上，学生往往是在教师的引导之下，根据教师的思路进行学习，是被动的。其实，学生才是学习的主体，是学习的主人。要让学习行为真正发生，就要以学生为中心，基于学情进行教学。

丁庆华老师：在日常教学中，每天晚上以让学生发音频的形式督促学生读书。在日常的备课组教研活动中，对文本的解读让自己受益良多，自己对文本的把握有了很大的进步。教学过程中的困惑主要有两点。如何有效地进行语文的综合性学习，如何把握课文讲解的"度"？

二、座谈答问

我说四点意见，并尝试答复各位老师提到的几个小问题。

（一）关于课型

刚才几位老师提出疑问：教读引领课讲多长时间算合适？每节课拓展阅读多少篇文章合适？因为稍一拓展，时间就紧张，完不成了。

统编教材中的课文分为教读课文、自读课文和以名著为代表的课外阅读课文。课型名称是教师定义的，不需要局限于课型本身，语文课要注重训练学生的阅读能力。

精读与拓展是概括性的概念。拓展的方面可长可短，不要拘泥于拓展的内容，认为拓展就是多读几篇文章。课型的名堂只是一个大致的说法，时间比例的分配上，也是很灵活、有弹性的，万不可作茧自缚，裹足不前。

最近我在看一个节目，是欧丽娟教授的公开课"《红楼梦》"，与前段听《蒋勋说红楼梦》相比较，他们都是从不同的角度切入对《红楼梦》的研读，各辟蹊径，妙趣横生。结合来听，互为参照，竟相映成趣。我说的重点不在此，是这两天听欧教授讲《红楼梦》，单是讲"女娲补天""绛珠草""皇英故事""灵河岸边"，就足足讲了三五个小时而未停止，半天硬是没有进入文本一步。欧教授讲这些名词、术语、典故，是从浩如烟海的史料典籍中钩沉打捞，讲者头头是道，听者兴致勃勃。以俗见来说，过门儿太长，弄这些边边棱棱的东西有啥用啊？纯属赘余！可人家讲的全是有用的东西，是文献、隐微之处的独特发现和研究成果，这些是帮助读者垫起打开宝库的入门之阶啊！如果说学习《红楼梦》是上一堂语文课，谁说听讲这些典故术语不是学语文？这么好的东西，单是就门外绕来绕去兜圈子，就这么有意思；若直入堂奥，那一定是兴味无穷！

所以，我们要重新回头来审视，语文是什么，语文教什么，这值得每一位语文老师去思考。不应该拘泥于课型、模式，别纠缠于时间分配、数量多寡。譬如这个精读与拓展的关系，一篇两篇文章是拓展，一个片段是不是拓展？一个名词、一个概念，哪怕一个字、一个词语，算不算拓展？……如"《红楼梦》"里的这种文献补充式讲座一样，适合学生发展的就是好的，何必纠结，只要着眼于学生素养的提高，哪里不是学语文？

（二）关于分层

我们提出分层的概念，是针对全市学生而言的。青潍中学的小班化教学优势，应该是给予适合每个学生发展的语文教育。小班化的教学模式，让教师有更多的时间和精力进行有针对性的个别化教学。一对一，面对面，变得很现实。

从一些活动、比赛和监测中发现，当前学生的语文素养，超出我们的想象，甚至让人怀疑，我们到底教给了学生什么。

近日，我们组织潍坊市第六届"国学小名士"诵读比赛的海选活动。比赛日程中，有一个古诗创作的环节，给出三个关键词，要求在20分钟之内，创作一首古体诗。收上来的作品，五花八门，不堪卒读，令人失望，根本找不出几首像样的，这还是各校推荐的优秀学生创作的。

古体诗要求较为宽泛自由，不像近体诗在格律上那么多规矩，比如平仄、粘对等，没那么多严格的规范，有基本的押韵，有立意就可以。但是大多参赛学生创作出的诗就是拼凑字数，寡淡乏味。内容不必说，韵脚也不论。诗歌不是有长长短短的句子摆在那儿就可以的，得有境界，有境界自成高格。

诗歌教学是我们语文教学的重要内容，但是学写诗歌，的确是我们教学的空白。统编教材中有数量不少的古诗词，我们让学生背诵了，也赏析了，却几乎从未有意地训练过学生创作的能力。有人可能说古诗是古人的艺术，是僵死的文化。此言大谬！中国是诗歌的国度，怎能缺少诗意？！有时候，你啰唆地进行一大通的论述，说一整套的思想，描摹一整篇的情境，抒发一大段的情感……可能不如用一个古诗句，甚至是更为精短的成语。汉语的精粹，其无穷魅力，这时方显现出来。

语文教师要有一颗诗心。在教授诗歌的时候，那些注重诗歌素养积累，并加以指导训练，着意培养学生诗歌创作能力的教师，才真正是有心人。在这样的课堂上，我们看到学生由单纯地模仿，到在教师的指导下写成一两个像样的句子，那种成长和收获，即便是跌跌撞撞，也会让旁观者动容。

对于学生的诗歌创作能力的培养，还有很长的路要走。教师对诗歌教学的积淀和情感的认同不足，传统诗歌文化的种子在学生心中缺失。语文学习的过程，应该是教师引领学生对汉语言文字越来越热爱，越来越感兴趣才对。诗歌的教学目的之一是让每个学生睿智、聪慧、有灵气。如果学生一脑门子光剩机械的作诗方法，也一定是语文教育的堕落和悲哀。

两句诗的考查，让你彻底缴械；一个回合下来，就让你全盘露底。这是20分钟的功夫吗？不是！这就是素养。教初中生会写一点像模像样的诗，这不就是最实在的语文教学吗？

由分层教学谈到当前学生的状况，就是希望大家正视学生的水平参差不齐的现实。不要漠视学生某些方面薄弱落后的严重性。能为学生量身定制、因材施教，全市有一所学校能做得好的，也应当首先是我们青潍中学。

（三）关于课程

课程是一个综合性的概念。八年级单元整合教学的实验，收到了阶段性的成效，形成了基本的成果，很好。

语文学习从来不是"无土栽培"，而是与学生的生活有着密切的联系。"综合性学习"是新课程的特点之一，强调的是语文的实践活动。

教材中的每个"综合性学习"，是纲目式、提示式的方案设计。这给语文教师留下了更大的实践空间。

譬如今天作课所讲的《河中石兽》，这是古人以一种朴素的认识，记录科学现象、穷究物理的文章。人物对话简洁明了，人物形象栩栩如生，思辨性很强，读来生动有味。如此文章，典籍之中有很多。若以此展开，作同类研读，旁及《梦溪笔谈》《阅微草堂笔记》《夜雨秋灯录》等，当搜罗到一定程度时，必珠玑盈案，成洋洋大观。这算是课程资源，以拓展阅读为主，搜集整理的一种形式吧。

教师可根据实际设计更多的语文实践活动。我们学校搞了很多的社团活动课程，每个课程都可能跟语文丝丝缕缕地相关。能不能善加利用，作为语文课程的一部分呢？

教师个体就是语文课程的实际开发者，语文课程的综合性和实践性是每一位语文教师必须牢牢抓在手上的。

（四）关于课堂

语文教师应该挖掘语文学习的趣味性，培养学生学习语文的自主性。课堂不应是庸者的平铺直叙，课堂一定是智者不断点燃智慧火花的节节超拔和提升。

以余映潮老师执教《假如生活欺骗了你》为例，指导学生在不同的语境中用不同的语气和语调来读。

一种读法：该诗写于1825年，正是普希金流放期间所作。这是为邻居奥西波娃15岁的女儿题写的一首诗，是写在本子上的。这是长辈对小孩子的劝慰，那么这首诗可以用说话的方式来读。因为它是说理的，它就是在说话。教师提示：当你要劝慰人家的时候，你就得用说话的方式来表达。这样读读试试。

再来尝试另外一种读法：当我们遇到困难和挫折的时候，当我们觉得自己的双肩已经扛不了生活的重担的时候，我们往往会握紧拳头鼓励自己。这个时候有一种内心的独白，悄悄地，鼓励自己。那么，这种内心独白的方法，用于诗歌朗诵，适合自己听，勉励自己。来，尝试一下！

作为面对一个小女孩的谆谆教诲和作为针对青年人的自我告诫，所用的语气和语调肯定是不一样的。在这个课例中，余映潮老师还设计了学生自主创作的环节：假如生活欺骗了你，你会如何呢？你也来写两句吧！如此，改变了教师在课堂上的"一言堂"，让每个学生有话可说，有话会说。精致高效的课堂就是一个生命场，每一个环节几乎都不可缺失，亦不可复制。让学生在每堂语文课上对生活、对生命有所感触，应该是每一个语文教师在语文人文性方面的追求。

在名师的点拨下，变换不同的语境，尝试不同的读法。语文课堂的诵读变得如此美妙！

受此启发，还有没有其他的朗读尝试呢？有！

诗人在诗中提出了一种面向未来的生活观。"心儿永远向往着未来"，尽管"现在却常是忧郁"，现实的世界可能是令人悲哀的，可能会感受到被欺骗，但这是暂时的，不会停留在这儿，不会就在这儿止步。如果这首诗是来自甜蜜爱人的一封情书，那么这种恋人的喁喁情话，语调亲密和婉，感情热烈奔放，该怎样读出来呢？（注意哦，这种猜测更接近事实！）

这首诗写成后产生了广泛的影响。那时的俄国，一方面处于沙皇暴政的统治下，另一方面，人民的自由意识大大觉醒，诗人大多出身贵族，有着强烈的自由民主意识。

如果将其变成一种对青年、广大民众的唤醒，表达在面对困苦时坚定自己对生活的信心，靠着信心去战胜困难，号召人们无论何时遇到困难，都要学会豁达从容，积极勇敢地面对，精神抖擞地直面沮丧，怀着一颗谦卑的心去战胜困难。场景设在大庭广众，该怎样读呢？是不是应该拿出早年村里要召集社员大会，大队干部爬上村中那棵大槐树，用铁喇叭筒堵着嘴，冲着满村老少爷儿们振臂疾呼的那股劲儿？在座有些青年教师可能没经历过，大家可以试试。

第二章 语文漫谈

"名著阅读"课程化的实践与探索

统编语文教材建构了"教读""自读""课外阅读"组成的"三位一体"的教学结构,其中课外阅读板块涉及名著的"推荐阅读"和"自主阅读"两类内容,每册教材包括6部名著,三年总计36部名著,达到了《义务教育语文课程标准(2011年版)》规定的"课外阅读总量不少于260万字,每学年阅读两三部名著"的要求。这是一个较为庞大的名著系列,的确能增大学生的阅读量,体现了新教材"读书为要"的鲜明特色。那么,如何将名著阅读落到实处?我们在使用新教材的过程中,在"名著阅读"课程化方面,做了一些有益的探索和尝试。

一、名著导读课:交给学生开启阅读的钥匙

新教材包含了丰富的系列化的读书方法,比如默读、浏览、快读、跳读、猜读、互文阅读、检索阅读,以及如何读整本书、如何用不同的方法读不同类型的书,等等。这些读书方法的内容,分布于单元导语、课后习题,特别是"名著导读"中。每册教材有两个"名著导读",每个都会介绍一种阅读方法,如八年级下册的"《傅雷家书》:选择性阅读""《钢铁是怎样炼成的》:摘抄和做笔记"等。上名著导读课的目的之一就是引领学生阅读,教给学生阅读的方法和策略。这样的导读课,也是以正式的场合让学生进一步体认名著的艺术魅力,进而找到走进经典的入门

之径。

如针对九年级上册的推荐阅读书目《艾青诗选》，诸城市第一初中青年教师王晓艳执教了一节《爱之深，情之切》的名著导读课，指导学生阅读《艾青诗选》。教师设计了以下三个学习目标：

1. 了解现代诗歌特点，深情朗诵诗歌；2. 把握诗歌意象特点，学习象征手法；3. 体味诗人的深沉感情，培养爱国情感。

在教学环节中，首先是"知人论世"，简介艾青其人，并以表格形式梳理其创作历程，然后交代写作背景：

1937年"卢沟桥事变"后，日本军国主义开始全面入侵中国，祖国山河沦陷，生灵涂炭，在这民族存亡的危难时刻，中华儿女纷纷投身到抗日的洪流之中。正是在此历史背景下，诗人艾青于1938年11月创作了《我爱这土地》，表达了对祖国的挚爱和对侵略者的仇恨。

接下来是"朗读指导"，这是本课的教学重点。

现代新诗不同于旧体诗，字数、停顿、押韵没有严格的限制。依据感情的表达，句子可长可短，字数可多可少，自由灵活。因此，我们在读现代诗歌的时候，一要把握好诗歌的语速、节奏、停顿、重音，二要在朗读中学会情景再现。

1. 语速：朗诵的速度与文章的思想内容相关。对于热烈、欢快、紧张的内容，速度宜快一些；对于平静、庄重、悲伤、追忆的内容，速度可慢一些。

2. 重音：能鲜明地表达出诗人情感的词语，包括中心语、修饰语，都应该重读。其规律是：

①谓语部分常重读；②名词前的定语常重读；③动词或形容词前的状语常重读。

3. 节奏：朗诵中，节奏主要表现在有声语言的抑扬顿挫、轻重缓急的回环往复。方法包括：

①欲抑先扬、欲扬先抑；②欲停先连、欲连先停；③欲轻先重、欲重先轻；④欲快先慢、欲慢先快。

4. 情景再现：在符合诗歌原意的前提下，以诗歌提供的材料为原型，使诗歌中的人物、事件、情节、场面、景物、情绪……在朗读者的脑海里不断浮现，并引发相应的态度、感情。

在指导具体的朗读方法后，是教师"深情朗读"示范环节——

假如 / 我是 / 一只鸟，

我也应该 / 用嘶哑的喉咙 / 歌唱：

这 / 被暴风雨 / 所打击着的 / 土地，

这 / 永远汹涌着 / 我们的悲愤的 / 河流，

这 / 无止息地 / 吹刮着的激怒的 / 风，

和那 / 来自林间的 / 无比温柔的 / 黎明……

——然后 / 我死了，

连羽毛 / 也腐烂在 / 土地里面。

为什么 / 我的眼里 / 常含泪水？

因为 / 我 / 对这土地 / 爱得深沉……

"文本解读"环节，教师提出四个思考题目：

1. 开篇作者把自己虚拟成一只鸟，这只鸟形象如何？

2. 诗中的"鸟"，它都歌唱了哪些事物？这些事物倾注着诗人怎样的情感？这种手法叫什么？

3. "连羽毛也腐烂在土地里面"表达了诗人怎样的情感？

4. 最后两句，诗人发出了深沉的心灵自白，诗人眼中的"泪水"包含哪些情感？

下一个是"合作探究"环节，同学们用学到的朗诵方法，试读《雪落在中国的土地上》（节选）：

雪落在中国的土地上，

寒冷在封锁着中国呀……

风，

像一个太悲哀了的老妇，

紧紧地跟随着，

伸出寒冷的指爪，

拉扯着行人的衣襟，

用着像土地一样古老的话，

一刻也不停地絮聒着……

那从林间出现的，

赶着马车的，

你中国的农夫，

戴着皮帽，

冒着大雪，

你要到哪儿去呢？

……

掌握了诗歌的朗诵方法，就抓住了诗歌阅读的"牛鼻子"。这节诗歌导读课，以《我爱这土地》为阅读范例，培养了学生由学习"这一篇"而迁移习得阅读《艾青诗选》"这一类"的方法和技巧，效果非常好。

二、名著阅读分享课：将阅读成果晒出来

整本书阅读效果好不好，主要看学生是否喜欢阅读。如果学生真正喜欢阅读，不用催促，他自会主动找更多的书来读。所以，我们在"名著阅读"课程化实施中，要重视趣味性的引导与培养，决不能将名著阅

读管得太死，搞得乏味。为进行阶段性管理，我们推出了"名著阅读分享课"，倡导以生动活泼的形式，分享阅读收获，巩固阅读成果。

如九年级上学期推荐阅读《水浒传》，为了分享前期阅读的成果，诸城市龙源双语学校的青年教师姜明宇执教了《火眼金睛识英雄》一课，安排了"知英雄书""品英雄意""辨英雄气""识英雄面"四个板块，对阶段性阅读进行了集中交流分享。

姜老师制订的"学习目标"如下：

1. 感知第3—12回的内容；2. 读文看图，品味人物的动作、神态、语言描写，赏析人物的性格特点；3. 创作颁奖词，感悟人物形象，体会"官逼民反"的主题思想。

"教学过程"包括：

1. 知英雄书。

活动：速读课本第138—139页的"名著导读"，思考并回答下列问题：

（1）《水浒传》的主要内容及主题思想是什么？

（2）美国女作家赛珍珠翻译过此书，书名是什么？

（3）本书的结构特点是什么？

（4）本书的语言特点是什么？

【资料链接】

施耐庵：元末明初小说家，关于他的具体资料很少，传说亦多参差。人们根据一些书籍推断其为孔子七十二子弟之一施之常的后代。自幼聪明好学，才气过人，事亲至孝，为人仗义。原籍苏州，后迁淮安。元至顺进士，卒于明洪武初。其曾在钱塘（今浙江省杭州市）为官，因不满官场黑暗，不愿臣服于权贵，弃官回乡。

2. 品英雄意。

活动1：第3—12回中出现了哪些人物？他们的绰号是什么？试用一句话概括其故事情节。

活动2：读文看图猜人物。

（1）头裹芝麻罗万字顶头巾，脑后两个太原府纽丝金环，上穿一领鹦哥绿纻丝战袍，腰系一条文武双股鸦青绦，足穿一双鹰爪皮四缝干黄靴。生得面圆耳大，鼻直口方，腮边一部貉獠胡须。身长八尺，腰阔十围。（第三回）

（2）皂直裰背穿双袖，青圆绦斜绾双头。戒刀灿三尺春冰，深藏鞘内；禅杖挥一条玉蟒，横在肩头。鹭鸶腿紧系脚绷，蜘蛛肚牢拴衣钵。嘴缝边攒千条断头铁线，胸脯上露一带盖胆寒毛。生成食肉餐鱼脸，不是看经念佛人。（第五回）

（3）头戴一顶青纱抓角儿头巾，脑后两个白玉圈连珠鬓环。身穿一领单绿罗团花战袍，腰系一条双搭尾龟背银带。穿一对磕瓜头朝样皂靴，手中执一把折叠纸西川扇子。那官人生的豹头环眼，燕颔虎须，八尺长短身材，三十四五年纪。（第七回）

（4）只见那汉子头戴一顶范阳毡笠，上撒着一把红缨……生得七尺五六身材，面皮上老大一搭青记，腮边微露些少赤须，把毡笠子掀在脊梁上，坦开胸脯，带着抓角儿软头巾。（第十二回）

【资料链接】

明末清初著名文学批评家金圣叹批注："叙一百八人，人有其性情，人有其气质，人有其形状，人有其声口。"

活动3：

（1）读第3—12回回目，找出鲁智深、林冲相关情节。

（2）找出鲁智深、林冲的动作、神态、语言描写，赏析他们的性格特点，以小组为单位进行交流。

表述格式：

我喜欢的人物是_____，我从第_____回_____（情节/片段）的_____（哪几句）中，读出了他的_____（性格特点）。

3. 辨英雄气。

活动1：有人说，此书中108位梁山好汉均为英雄；有人说，他们只能称为"流贼""草寇"；还有人说一半是英雄，一半不是……读过鲁智深、林冲这两位的故事，让我们掩卷思考一下：此二人是否可以被称为"英雄"？把感受写在集锦本上，以小组为单位进行交流。

【资料链接】

"英雄"的定义：

①指才能勇武过人的人；②无私忘我，不辞艰险，为人民利益而英勇奋斗，令人敬佩的人；③指具有英雄品质的人。

4. 识英雄面。

在全面认识和了解英雄人物的基础上，再予以概括和升华。请从鲁智深、林冲二人中，选择一位你喜欢的英雄，为他写一段颁奖词。示例：

金翠莲父女与你素不相识，你却掏出了自己的大银锭，扁倒了通风报信的店小二，羞辱了仗势欺人的镇关西，丢掉了赖以生存的乌纱帽。从鲁提辖到花和尚，你彰显了锄强扶弱的侠士情怀；从鲁达到义烈昭暨禅师，你诠释了修成正果的修炼之道。（鲁智深）

【资料链接】

颁奖词的写法：

①大笔写意，点明人物的事迹；②纵深开掘，彰显人物的精神；③综合表达，事、理、情有机融合；④言简意丰，自然流畅。

三、名著专题研究课：在大数据下深度透视

用一个个小专题的形式，让学生去研究，这也是新教材中"名著阅读"提倡的做法。小专题式的阅读，可以增加阅读的深度，有效防止阅读碎片化、浅表化的弊端。为了做好一个小专题，学生需通读整本书，学会前后钩连，做有效比对、整合，再拓展阅读相关的书目资料，乃至动用

数据分析的先进手段，等等。实践表明，这种办法，也是提高阅读趣味性，初步培养学生的科学探究精神的有益尝试。对于一部动辄数十万言的名著来说，可以设立的小专题数量可观，这也为学生个性化阅读提供了更多的方向，增加了阅读兴味的可选择性。

仍以《水浒传》阅读为例，在小说开头的第3—12回这十个章节中，鲁智深和林冲的故事演绎得淋漓尽致，影视剧也以此为生发点，创作出了《野猪林》《小旋风柴进逼上梁山》等经典作品。对这些回目，相信每个孩子从小都着迷。在初中阶段甚至将来课业负担更加繁重的阶段，如何保持这种兴趣，不丧失对经典的情怀？教师设计了"编写小档案，细排英雄谱"的小专题，选择了为英雄人物建立小档案的办法。俗语说"英雄不问出处"，我们偏偏究根问底，力争弄清每个英雄人物的家世、师承、星名、有何看家本领、使什么兵器、有何掌故……来龙去脉，都理得清清楚楚、明明白白。老师可以提供这样一份空白档案，让同学们去完成填写：

（　　　）人物小档案

姓名：_____　　绰号：_____　　星名：_____

籍贯：_____　　职业：_____

兵器：_____　　排名：_____

出场回目：_____

英雄事迹：_____

性格特点：_____

做人物小档案，就是编制英雄谱系，为每个人物立传的过程。这就像影视剧中做分镜头的功夫，将一个个分镜头做精致了，若干细节做好了，整部片子也就有了。下面是两个作业样品：

（林冲）人物小档案

姓名：林冲　　　绰号：豹子头　　　星名：天雄星

籍贯：东京汴梁　　职业：东京八十万禁军枪棒教头

兵器：丈八蛇矛　　排名：第六位

出场回目：第七回　花和尚倒拔垂杨柳　豹子头误入白虎堂

英雄事迹：因其妻子被高衙内看上，多次遭到陷害，最终被逼上梁山。后火并王伦，尊晁盖为梁山寨主。他参与了梁山一系列的战役，为山寨的壮大立下汗马功劳。梁山大聚义时，位列马军五虎将，把守正西旱寨。抗击来围剿梁山军的官军、侵略北宋的辽国和剿灭国内造反的田虎、王庆、方腊势力时屡立战功。征方腊后病逝于杭州六和寺，追封忠武郎。

性格特点：勇而有谋，但为人逆来顺受、安分守己、循规蹈矩。

（鲁智深）人物小档案

姓名：鲁智深（本名鲁达，法名智深）　　绰号：花和尚

星名：天孤星　　　　籍贯：关西人氏

职业：渭州经略府提辖

兵器：六十二斤水磨镔铁禅杖、戒刀

排名：第十三位

出场回目：第三回　史大郎夜走华阴县　鲁提辖拳打镇关西

英雄事迹：因打抱不平三拳打死恶霸镇关西，为了躲避官府缉捕，便出家五台山做了和尚，法名智深。他在征四寇的战役中累立战功，生擒方腊后在杭州六和寺圆寂，追赠义烈昭暨禅师。

性格特点：疾恶如仇、侠肝义胆、粗中有细、勇而有谋、豁达明理。

学生做这项案头工作，得去查找，得摘录，得概括……可以说，让

每个人物形象重新在心中活了一遍。有的学生制作人物档案，还配以或稚拙或精美的手绘插图，花团锦簇地悬挂张贴于教室四壁；有的学生作人物专题研究，能装订成厚厚一沓作业纸……

这种小专题研究，不仅仅将名著阅读变得饶有情趣，使整本书读起来有意思了，更重要的一点，这也是"语言建构与运用"的过程，当然也是"审美鉴赏与创造"的过程。

四、名著活动探究课：把精彩片段艺术地"秀"一把

语文学习应当引导学生在真实的语言运用情境中，通过自主的语言实践活动，积累语言经验，提升运用祖国语言文字的能力。语文学科核心素养是学生在积极的语言实践活动中积累与建构起来，并在真实语言运用情境中表现出来的语言能力及其品质。名著阅读课程化的另一种常用手段，就是创造机会，搭建平台，让学生在读、写、听、说、思、评、演、画等各种活动中学语文、用语文。

下面是《儒林外史》阅读教学中，诸城市皇华初中邹琳老师与学生合作完成的《范进中举》课本剧剧本：

编剧：魏棋　赵金辉

指导老师：邹琳

人物：范进——王文哲　胡屠户——姜涛　范母——王捷

邻居——王依萍　乡绅——常枫

时间：出榜这天一大早。

范母：（老迈无力的，上）儿啊，那只下蛋母鸡你快拿到集市上去卖了吧，换回几升米煮粥，我都饿得两眼看不见了。

范进：娘，那只鸡马上就能下蛋了，向街坊邻居借一下吧？

范母：唉！我也想过，可邻居不肯借呀，说咱们太穷，怕以后赖账不还给他。

范进：那好吧，我这就去卖鸡。

范母退场。

范进畏畏缩缩地抱着鸡走在街上。一会儿，一邻居遇到范进，拍拍他的肩膀，恭敬地对他说："范相公，你快点回去吧，刚才出榜了，你中了举人了，报喜人挤了一屋子呢。"

范进：（气恼地）咳！高邻，你知道我今天没饭吃，等着卖这只鸡去救命呢，这种事情您就不用取笑我了啊！别耽误了我卖鸡。"

邻居见范进不信，劈手夺了鸡，拉范进退场。

范进入家门。

道具：黑板，板书大字——"捷报贵府老爷范讳进高中广东乡试第七名亚元。京报连登黄甲。"

范进看榜，面部抽搐，两手捂嘴，做不相信状。突然，嘴里"啊"了几声，一下瘫坐地上。

范进：我中了！我中了！（倒地不省人事）

众邻居：（议论纷纷）新贵人太高兴了，得了疯病啊！这可怜见的。

范母：（哭着）我怎么这么命苦啊，一辈子的穷命，我儿好不容易中了个举人，寻思有好日子过了，怎么得了这病啊！我可怎么办啊！我可怎么办啊！（继续抽泣，悲恸）

范进：（爬起来，两手举过头顶，绕场边跳边叫）我中了，我中了！（一直循环到胡屠户到来）

众邻居：（七嘴八舌，献计）范老爷平时可有最惧怕的人？他可能是太高兴了，痰涌上来，迷了心窍。找一个他平时最怕的人打他一个嘴巴，把痰吐了就好了……

范母：（焦急地）他平时最怕他丈人了。

众邻居：（语气急促地）快去寻他，快去寻他！

范进：（继续疯疯癫癫地跑着）我中了！我中了！

胡屠户进场，大步走到范进面前，抓住范进的衣领。

胡屠户：（凶神恶煞，大声呵斥）该死的畜生，你中了什么！

说完，狠狠地一巴掌打下去。范进直接倒地。

范母赶紧把范进扶起来，范进慢慢醒来，不再疯癫。

胡屠户赶紧上前，拉着范进的手。

胡屠户：（小心、略带惊恐地自言自语）啊，天上的星宿果然是打不得的，我的手动不了了，动不了了。哎哟！哎哟！

范进：（迷惑地）诸位乡邻，你们这是……我怎么昏昏沉沉的，如在梦中？

众邻居：（恭恭敬敬地、抢先答应）范老爷，您是因高中后太过兴奋，迷了心窍，方才胡老爹一掌下去，您才醒过来。

众人哄笑，下场，张乡绅登场。

张乡绅：（作揖）久仰先生大名，只是未曾拜访，有失亲近啊！

范进：（作揖）久仰先生，只是无缘，不曾拜会啊！

张乡绅上下打量范进的房子。

张乡绅：先生果真清贫啊！今天带了五十两银子，一点薄礼，权请收下。

范进收了银子，作揖拜谢。

范进和母亲相对而笑。张乡绅转身的时候也轻轻点头，微微一笑。

全剧终。（演员鞠躬谢幕）

课本剧的实际展演中，表演者、观赏者、导演者这三者各得其所，各司其职。登台的表演者要入戏，要细致入微地刻画、表现人物；观赏者与表演者一样，是有着共同知识起点和追求的特殊观众，这是一群高明的鉴赏家，会评头品足，说出个所以然来；导演者，也就是教师，这是一个全能的角色，既是幕后的，也是幕前的，还是围观的。导演者的高明之处，在于懂得何时放手，何时收拢，何时介入。会说戏，会点评，会引导课堂的走向。课本剧表演这种活动形式,本身就是对名著进行艺术形式的二度创作。

统编教材总主编温儒敏先生指出,很难找出一个速效的办法去提高学生的语文素养,它需要长期的熏染、积累、习得,必须大量读书,没有别的办法。我们进行"名著阅读"课程化的实践,不过是探索了培养学生读书兴趣和习惯的几种手段,对于实施"名著阅读"这一持久的大工程来说,还有更多、更好的办法有待我们去继续开掘。

从诗歌中寻找中国文化的根

在当前的语文教学中,诗歌教学还未得到应有的重视,常常被拒之门外,但是考试又不能不考,这就形成了一种很矛盾、很尴尬的境地。

一、重视诗教的传统——"不学《诗》,无以言"

我们的古人一直重视诗教。《论语·季氏》有一段著名的庭训记载:"(子)尝独立,鲤趋而过庭。曰:'学《诗》乎?'对曰:'未也。''不学《诗》,无以言。'鲤退而学《诗》。"

孔子教训儿子说:"不学《诗》,在社会交往中是不会说话的。"在这里的《诗》主要指《诗经》。为什么这部《诗经》那么重要,不学它就连话也不会讲呢?因为《诗经》较广泛地反映了商周时期的社会生活和政治思想状况,包含许多做人、为官、持家、治国的经验教训,可以供后人参考借鉴,春秋时期就被看作是政治教科书。翻开一部《左传》就可以看到,当时在上层社会,开口闭口就是"诗曰""诗云",《左传》引用《诗经》章句达二百多条。

《毛诗序》云:"诗者,志之所之也。在心为志,发言为诗。情动于中而形于言,言之不足故嗟叹之,嗟叹之不足故永歌之,永歌之不足,不知手之舞之,足之蹈之也……"诗的社会功能包括"经夫妇,成孝敬,厚人伦,美教化,移风俗"。传统文化教育,需从诗歌上寻根,先人的生活、思想、情感、志趣，都包含在其中。

其实，诗歌也从来没有远离过我们的生活。日常生活中常用的春联、喜联、贺词等，都有诗的元素闪烁其中。比如：

贺人嫁女用"于归之喜"，出于"之子于归，宜其室家"（《诗经·周南·桃夭》）。贺人生孩子用"弄璋之喜、弄瓦之喜"，出于"乃生男子，载寝之床，载衣之裳，载弄之璋。……乃生女子，载寝之地，载衣之裼，载弄之瓦"（《诗经·小雅·斯干》）。

诗歌饱含着中国人特有的文化意蕴。"枯藤，老树，昏鸦……"这些不连贯的名词，只有在中国人的精神世界里才有意义，它们代表一段羁旅之思、一腔对田园的怀念、一丝怀乡的惆怅，以至读者本人在阅读中产生的其他的投射和连带思想。汉字是只有中国人能理解欣赏的文化符号，尤其是在诗歌中有其独有的魅力。

诗歌是最古老、最富有文学特质的一种体裁。因为其节奏感、韵律美，深受民众的喜爱。它是与泥土结合得最密切的题材，保存于民间。一些民歌小调很好地保留了诗的传统，如《四季歌》：

"春季里么就到了这，水仙花儿开，水呀仙花儿开，年轻轻个女儿家呀踩里么踩青来呀，小呀阿哥哥。小呀阿哥哥，小呀阿哥哥呀！托一把手过来……"

这美的表达里面，就有比兴手法的运用，这内容、这情境、这氛围，跟《国风·邶风·静女》《国风·郑风·将仲子》多么相似，三千年来，人们的生活、思想、情感好像都没有改变过，就这样"原汤原汁"地传承下来了。

随着社会物质文化的进步，诗歌教育衰微的同时，这种题材像青青野草一样，仍以勃勃生机顽强地扎根在中国的土地上。

二、读懂"用典":诗歌解码的一把金钥匙

何谓用典?用典就是引用典故,引用古籍中的故事、词、句等,以丰富而含蓄地表达内容和思想。用典可以让诗歌更加形象生动、委婉含蓄、简洁丰富、庄重典雅,增强诗歌的语言表现力和感染力。

刘勰在《文心雕龙》中诠释"用典":"据事以类义,援古以证今。"就是用来以古比今,以古证今,借古抒怀。用典既要师其意,还须能于故中求新,更须能令如己出,而不露痕迹,所谓"水中着盐,饮水乃知盐味",方为佳作。

下面以苏轼作品为例,欣赏一下古人在诗词创作中的用典之妙。

雪后书北台壁二首

苏轼

黄昏犹作雨纤纤,夜静无风势转严。
但觉衾裯如泼水,不知庭院已堆盐。
五更晓色来书幌,半夜寒声落画檐。
试扫北台看马耳,未随埋没有双尖。

城头初日始翻鸦,陌上晴泥已没车。
冻合玉楼寒起粟,光摇银海眩生花。
遗蝗入地应千尺,宿麦连云有几家。
老病自嗟诗力退,空吟《冰柱》忆刘叉。

以"盐"喻雪出自《世说新语·言语》:"公(谢太傅)欣然曰:'白雪纷纷何所似?'兄子胡儿(谢朗)曰:'撒盐空中差可拟。'"刘叉,唐元和时人,闻韩愈善接待天下士人,他慕名前往,赋《冰柱》《雪车》二诗,名声居卢仝、孟郊二人之上,樊宗师见了他也会以礼相拜。此事见于《新唐书·刘叉传》。苏轼于神宗熙宁七年(1074)十一月来到密

州，恰逢地方连年蝗旱之灾，盗贼遍野，斋厨索然。自杭州至密州，虽然自请外调，但面对的是一副烂摊子。一场大雪之后，蝗虫流毒杀得差不多了吧，"遗蝗入地应千尺，宿麦连云有几家"是诗人对年景的祈求。在此引用刘叉的典故，委婉地表达了诗人也能以诗干谒、得人赏识的向往。

苏轼时年近四十，却以"老病""空吟"自嘲，反映出诗人一种求而不可得的落寞。此两首因用韵险，而形成新的典故，"尖叉"遂成为作诗用险韵的代名词，后学不乏模仿者。

江城子·密州出猎

苏轼

老夫聊发少年狂，左牵黄，右擎苍，锦帽貂裘，千骑卷平冈。为报倾城随太守，亲射虎，看孙郎。

酒酣胸胆尚开张。鬓微霜，又何妨！持节云中，何日遣冯唐？会挽雕弓如满月，西北望，射天狼。

《梁书·张充传》记载张充年少喜好游猎，出猎时"左手臂鹰，右手牵狗"，而这里苏轼用"左牵黄，右擎苍"来表达打猎的豪迈和快意。"孙郎"指孙权，《三国志·吴书·吴主孙权传》载，建安二十三年（218），孙仲谋尝"亲乘马，射虎于庱亭。马为虎所伤，仲谋投以双戟，虎却废"。诗人在此以"孙郎"自喻。

《汉书·冯唐传》载，汉文帝时，云中郡太守魏尚守边有方，战绩卓著，后因上报战果数字略有差误而被削职，郎中署长冯唐谏文帝不应如此对待名将武臣，于是文帝就"令唐持节赦魏尚，复以为云中守"。俞平伯《唐宋词选释》释此条为"自比冯唐为较惬当"。

"天狼"，星名，古代用以代表贪残侵掠，这里喻指侵扰西北边境的西夏军队。《楚辞·九歌·东君》有"举长矢兮射天狼"句。

苏轼此作所用典故，一刷当时绮靡纤弱的文风，形成一种粗犷豪迈的气势。苏轼在《与鲜于子骏书》中说："近却颇作小词，虽无柳七郎风味，亦自是一家。呵呵。数日前猎于郊外，所获颇多。作得一阕，令东州壮士抵掌顿足而歌之，吹笛击鼓以为节，颇壮观也。"可见，他是有意与倚红偎翠的纤艳之调相对抗，而进行壮词写作的有意尝试。

水调歌头·明月几时有

苏轼

丙辰中秋，欢饮达旦，大醉，作此篇，兼怀子由。

明月几时有？把酒问青天。不知天上宫阙，今夕是何年。我欲乘风归去，又恐琼楼玉宇，高处不胜寒。起舞弄清影，何似在人间。

转朱阁，低绮户，照无眠。不应有恨，何事长向别时圆？人有悲欢离合，月有阴晴圆缺，此事古难全。但愿人长久，千里共婵娟。

李白诗《把酒问月》："青天有月来几时，我今停杯一问之。"郑文焯《手批东坡乐府》："发端从太白仙心脱化，顿成奇逸之笔。"首句即用此典。"不知……"二句，一说出于牛僧孺的《周秦行纪》："共道人间惆怅事，不知今夕是何年"，一说出于戴叔伦的《二灵寺守岁》："不知今夕是何年"。

"乘风"语出《列子》："乘风而归……不知风乘我邪？我乘风乎？""琼楼玉宇"，晋王嘉《拾遗记》载，瞿乾祐与弟子在江边赏月，有人问月中有什么，瞿让弟子顺着他手指的方向看去，只见月中"琼楼玉宇烂然"。"不胜寒"，郑处诲《明皇杂录》载：中秋之夜，方士叶静能邀玄宗游月宫，及至，"寒凛特异，上不能禁"。杨湜《古今词话》说，神宗读此词，至"琼楼玉宇，高处不胜寒"，叹息说："苏轼终是爱君。"

"起舞弄清影"则源于李白《月下独酌》："我歌月徘徊，我舞影零乱。"

这是一首浪漫主义诗词的代表作，前人对此词评论颇多，如《苕溪渔隐丛话》："中秋词，自东坡《水调歌头》一出，余词尽废。"《蓼园词选》："缠绵悱恻之思，愈转愈曲，愈曲愈深。忠爱之思，令人玩味不尽。"

大雪青州道上有怀东武园亭寄交孔周翰

苏轼

超然台上雪,城郭山川两奇绝。海风吹碎碧琉璃,时见三山白银阙。盖公堂前雪,绿窗朱户相明灭。堂中美人雪争妍,粲然一笑玉齿颊。就中山堂雪更奇,青松怪石乱琼丝。惟有使君游不归,五更上马愁敛眉。君不见淮西李侍中,夜入蔡州缚取吴元济。又不见襄阳孟浩然,长安道上骑驴吟雪诗。何当闭门饮美酒,无人毁誉河东守。

在这首诗中,除曹参师盖公、李愬雪夜袭蔡州活捉吴元济、孟浩然骑驴踏雪寻梅等用典外,还有最末一句。"闭门饮美酒",世传陶谷学士买得党太尉家故妓,遇雪,陶取雪水烹团茶,谓妓曰:"党太尉家应不识此?"妓曰:"彼粗人也,安有此景,但能销金暖帐下,浅斟低唱,饮羊羔美酒。"陶默然愧其言。"毁誉河东守",《史记·季布栾布列传》载:季布为河东守,孝文时,人有言其贤者,孝文召,欲以为御史大夫。复有言其勇,使酒难近。至(长安),留邸一月,见罢。季布因进曰:"臣无功窃宠,待罪河东。陛下无故召臣,此人必有以臣欺陛下者。今臣至,无所受事,罢去,此人必有以毁臣者。夫陛下以一人之誉而召臣,一人之毁而去臣,臣恐天下有识闻之,有以窥陛下也。"

卜算子·黄州定慧院寓居作

苏轼

缺月挂疏桐,漏断人初静。谁见幽人独往来,缥缈孤鸿影。

惊起却回头,有恨无人省。拣尽寒枝不肯栖,寂寞沙洲冷。

"幽人"来于《易·履卦》"幽人贞吉",本义为幽囚之人。在此与"孤鸿"自指。《野客丛书》:"观隋李元操《鸿雁行》曰:'夕宿寒枝上,朝飞空井旁。'坡语岂无自邪?"此言推断东坡最末一句源自此处。此句有良禽择木而栖的意思。

定慧院在今天的湖北黄冈东南，这首词是苏轼初贬黄州寓居定慧院时所作。被贬黄州后，苏轼连生活都成了问题，其内心深处的幽独与寂寞是他人无法理解的。词人借幽人、孤鸿等形象托物寓怀，表达了孤高自许、蔑视流俗的心境。

定风波·莫听穿林打叶声

苏轼

三月七日，沙湖道中遇雨。雨具先去，同行皆狼狈，余独不觉。已而遂晴，故作此。

莫听穿林打叶声，何妨吟啸且徐行。竹杖芒鞋轻胜马，谁怕？一蓑烟雨任平生。

料峭春风吹酒醒，微冷，山头斜照却相迎。回首向来萧瑟处，归去，也无风雨也无晴。

"竹杖""芒鞋"是苏轼常用来描写自我的重要意象，在其诗词中频频出现，如《初入庐山》："芒鞋青竹杖，自挂百钱游。"《临江仙·夜饮东坡醒复醉》："敲门都不应，倚杖听江声。"他对唐代诗人张志和《渔父》中"青箬笠，绿蓑衣，斜风细雨不须归"一句极为欣赏，恨其曲调不传，并将其改为《浣溪沙·渔父》中的句子"自庇一身青箬笠，相随到处绿蓑衣"而歌之。"一蓑烟雨"即由此化用。

欣赏诗歌，对典故的爬梳剔抉，参互考寻，能让阅读欣赏的过程变得津津有味。如果没有典故可咀嚼，一首诗歌或许就会变得索然无味。

三、学而时习之，寻找传统文化的根

统编版语文教材重视诗歌教学，不仅在欣赏的量上有较大扩容，在教学内容上也有很大的调整，特别是设置了诗歌"活动·探究"单元，安排了"学习鉴赏—诗歌朗诵—尝试创作"的任务单。诗歌创作成为我们语文教学的必修课，这对师生都是一个很好的从学习走向模仿创作的实践机会。

下面以个人几首习作为例,说明"用典"在今人的诗歌写作中的现实意义和价值。

山居笔记

戊戌四五月间,花开时节,与友人避居山中二十余天。日间阅资料、讨论,余则读书、交谈。饭后登山、散步,所在人迹罕至,偶有见闻,略述如次。

一 赛龙舟

马耳山头马耳峰,

狼烟曾接大海东。

空谷频传齐呐喊,

铜鼓犹带鼙鼓声。

二 得笔意

击杖敲动枯树桩,

惊蛇入草两慌慌。

飞鸟出林寻常见,

此势难得细端详。

第一首中,诸城马耳山上有齐长城,为古战场,山谷湖泊中有龙舟竞渡,擂鼓呐喊,其浩大激烈的声势与曾经的古战场有相似之处,此"铜鼓"不同于彼"鼙鼓",化用"渔阳鼙鼓动地来",衬托出和平年代的升平和乐景象。第二首的"惊蛇入草""飞鸟出林"系书法术语,借用以成虚实之势。

黄鹤楼

戊戌三月,过江城。距前回到此十有四年,而首次游此已过二十年矣。时光抛人如是。不避工拙,以数句记之。

一

春日登斯楼，
楚天满目收。
烟花正三月，
足下大江流。

二

龟蛇随波动，
春色满江城。
为闻铁笛声，
再上第五层。

三

华表去来后，
又作少年游。
细雨润芳草，
梅花落衣袖。

四

转过古鹅池，
又到搁笔处。
才始动诗肠，
已无夺人句。

第一首中的"登斯楼"出于《岳阳楼记》"登斯楼也"，"烟花正三月"脱胎于"烟花三月下扬州"。第二首中的"龟蛇""铁笛"跟黄鹤楼的来历和吹笛仙人有关，"再上第五层"则完全因袭"更上一层楼"。第三首中的"华表去来"出自《搜神后记》："有鸟有鸟丁令威，去家千年今始归。城郭如故人民非，何不学仙冢累累"；"梅花落衣袖"化用卢照邻的《梅花落》诗意。第四首中的"鹅池"与王羲之的洗砚池有关；

"搁笔处"与李白到此见崔颢诗而不敢着笔的传闻相关。

再过青州城

戊戌九月,参加潍坊学科教学会议,又一次来到青州,日日路过南阳河、昭德街、古宋城等,遂有此篇。

> 我来青州作么生,
> 也循古街秋夜行。
> 会饮两盏醴泉水,
> 万年桥上一醉翁。
> 百代骚客如鱼贯,
> 来去贤良走马灯。
> 留神漫吟三瘦句,
> 惊起霓虹第几重。

此诗主要涉及两个过客:贬官青州的欧阳修,流寓青州的李清照。其中"三瘦句"即李清照的"三瘦"诗句:一为"莫道不消魂,帘卷西风,人比黄花瘦"(《醉花阴·薄雾浓云愁永昼》);二为"新来瘦,非干病酒,不是悲秋"(《凤凰台上忆吹箫·香冷金猊》);三为"知否,知否?应是绿肥红瘦"(《如梦令·昨夜雨疏风骤》)。

成都印象

一 谒草堂

> 东来不辞千万里,
> 访贤哪论一两次。
> 但得此屋庇寒士,
> 潍水直通浣花溪。

二 武侯祠

> 三顾社稷托相知,
> 鞠躬尽瘁死后已。

也拟临表哭一场，

千载谁人不叹息。

前诗中的"此屋庇寒士"得于《茅屋为秋风所破歌》，后诗中的"三顾""鞠躬尽瘁""临表"均为诸葛亮的故事。

眉山行

己亥中秋，到眉山。访三苏祠，留诗五首。

一 眉山行

东鲁入蜀万里长，

今我来寻纱縠行。

平生未识峨眉月，

频频先闻姓字香。

二 过彭山

去来何事关老彭，

也令山川一枯荣。

自是造化钟灵秀，

郁然千年诗书城。

三 三苏祠

双树擎天扎根深，

进门顿觉气森森。

若无密州竹马约，

谁敢孟浪攀乡亲。

四 课子图

贤母教子有义方，

奋厉当世学范滂。

来日莲池开并蒂，

宰辅大宋双栋梁。

五　启贤堂

父子文章争三光，

源远流长青衣江。

今日打从庭前过，

沾得一身桂花香。

第一首中的"纱縠行""峨眉月"均为苏子故里特定地名风物。第二首是跟东坡出生、去世时彭老山为之一夜之间枯荣的传说有关。第三首中的"密州竹马约"出于《再过超然台赠太守霍翔》："山中儿童拍手笑，问我西去何当还。十年不赴竹马约，扁舟独与渔蓑闲。"其中"竹马约"辗转出于《后汉书·郭伋传》："郭伋始至行部，到西河美稷，有童儿数百，各骑竹马，道次迎拜。伋问：'儿曹何自远来？'对曰：'闻使君到，喜，故来奉迎。'伋辞谢之。及事讫，诸儿复送至郭外，问：'使君何日当还？'伋谓别驾从事，计日告之。行部既还，先期一日，伋为违信于诸儿，遂止于野亭，须期乃入。"第四首有三处用典，一、二句来于宋史《苏轼传》载母程氏课儿议读《范滂传》，"轼请曰：'轼若为滂，母许之否乎？'程氏曰：'汝能为滂，吾顾不能为滂母耶？'"第三句是指苏洵曾种瑞莲于家中池塘，苏轼、苏辙同登金榜时现花开并蒂，后每开并蒂莲花，遂为州士科名之吉兆。末句，史载宋仁宗初读苏轼、苏辙的制策后，退而喜曰："朕今日为子孙得两宰相矣。"第五首中的"启贤堂"是供奉苏氏祖先牌位的地方，并以孔子庭训的故事，寓意文脉承前启后，代代相传。

滨北中学

戊戌冬月到高密，途经滨北中学，此系母校诸城师范前身，倍感亲切。内有莫言文学馆，得以匆匆一瞥。

早闻此地产高粱，

漫街都是炉包香。

酒好不怕巷子深，

蓣根萝卜尝一尝。

诗中所言"炉包"为当地名优小吃，潍坊各区县随处可见，而以高密所产最具特色。"高粱""萝卜"指莫言早期代表作《红高粱》《透明的红萝卜》。烟火气还是文气？稻粱香、酒香，抑或书香？读者诸君自去会意。

以上所列习作，是个人日常从事语文教学与研究中的下水练习。在此不揣浅陋，敢于斗胆自陈，意在说明诗歌还是应当付诸实践的一种体裁，不该走入"小众化"的死胡同。诗歌，是理解中国传统文化最好的媒介之一。除了鉴赏，亲手写一写，这也是我们传承祖国优秀文化的实际行动。另一层意思，就是说明今人作诗并不排斥用典这一事实。如果说以浅近的白话写作，使诗歌直白，明澈如水，那么用典的表现手法，则无疑使诗歌耐品，醇厚如酒了。

你的课堂为何不令人感动

刚开始做教研工作时,每逢听课活动,学校的领导或同事经常互道辛苦,当时只觉得是一种客气话。听课有什么辛苦的,坐在那儿,听老师讲课,是一种享受啊,人家作课老师才辛苦呢。一笑置之,根本不当回事儿。

但是进课堂听课的时间久了,就变得挑剔起来……开始觉得,有的课听起来的确是一种享受,老师激情澎湃,口若悬河,学生踊跃参与,眉飞色舞,受其裹挟,纵是闻者也动容,自然就有了喜怒哀乐,与师生在文字的汪洋中畅游拍浮,不知下课时间将至;有的课堂呢,平淡如水,风平浪静,不温不火,也没怎么看,就下课了;还有一种课堂,教师言语乏味,学生面无表情,沉闷的环境如山雨欲来,让人压抑……时间过得太慢,有时认为,出去一趟,再回来,也不会错过什么吧!

我们的语文课本,是经典的范本,所收内容是人类文化精华的一部分,真是精练得不能再精练的东西。翻开任意一页,都是满篇珠玑,美不胜收。为什么到了课堂上,却出来如此不一样的效果呢?其中一个原因是我们的老师自己没有被感动。

某一回,我在潍坊一所学校招聘教师的活动中做评委,并且是主评委,就有了在选手说课之后,当场提问令其答辩的任务。听了许多千篇一律、刻板统一的说课后,来了一位应聘者,说的是《背影》一文,她设计了一个让学生结合与父母一起生活的实际,回忆令自己感动的事件的环节。我问了下面一个问题——

《背影》一文是写父子感情的,而在实际的教学中,我们难得见到有学生能真切领会到文中父子情深的。老师让学生谈自己生活中被父母感动的事件,想问一下:您在生活中可有这样的故事?如果有,说来听听。

这位女老师(应聘当时是刚毕业的大学生,那次以较高的成绩胜出后,应当是正式入职了)略作沉思,讲了这样一件事:高三那年,学习非常吃紧,为了节约时间,由父亲陪伴,在学校附近租了房子。房子是老式平房,加了两道防盗门,每次开关,都会发出哗啷哗啷的很大的声响。但是自己早晨都是从睡梦中自然醒来,顶多有闹铃的声音,从来没有听到过门的响声。直到某天早起,睡意蒙眬中偶然发现一个模糊的身影,蹑手蹑脚地走路,小心翼翼地开锁,轻轻地拉开门,像一个盗贼,生怕弄出一点声响。回身轻轻关门的一刹那,透过防盗门,我一下子认出那是父亲。喜欢晨练的父亲,每天就是这样出门的。看到那个身影,我忽然明白,为什么一直没有听到过响声,父亲这样是为了让自己多睡一会儿……

说到这里,应聘的老师眼圈红了,并轻轻地抽泣起来……

考场里是一阵短暂的静默,相信每个评委都被打动了。有这样的经历,这样的故事,我们的学生怎能不感动?学生的同情心、同理心都是有的,只是我们疏于感发。

我们最怕看见,老师以一种事不关己的态度,冷冰冰地陈述别人家的事,还异想天开,妄想开启学生的心扉,并一个劲儿地埋怨学生:心肠太麻木,情感太粗糙。

像这位老师,把这样感动人心的故事讲出来,以情激情,如涟漪轻轻波动,相信每个孩子心中真实细腻的情感,也会被一点点激发出来。

是啊,许多文本中饱含了作者丰富的情感,老师也是真性情的人,老师的真情的流露，学生心里最深处、最柔软的部分，就容易被触动。而对于文本，师生面对时就不再是冷峻的符号。师生、作者的情感交互，就是自然而然的，是水乳交融的。

文本的语言文字都是情感的载体。如果真想追求打动人心的课堂，老师就应当真情袒露，在自己的学生面前，毫不忸怩，也用不着作秀。

大声读起来

书是用来读的，念出声来才好。

小时候的印象，学屋的标志之一，是老远就能听到琅琅的读书声。老师一发出"读书"的指令，大家就哇啦哇啦地放开嗓子读起来。班里总有嗓门顶高的几位，比赛似的较着劲，有更尖而高的角色杀进来，这位就再高上一个八度。真是声震屋瓦，一浪高过一浪。至有忘情者，捂耳闭眼卖力背书，老师的教杆在黑板或讲桌上猛敲半天才停下，睁眼一看，全班都盯着自己哄笑，现场只剩自己一个在那声嘶力竭，陶然忘我……一场书读下来，那些热情的朗读者，"终日号而不嗄"，精神之饱满，元气之旺盛，着实令人叹服。

热闹的朗读，颇能破除寂寥和孤闷，让学习生活变得热火朝天。譬如东林书院这副对联——"风声雨声读书声声声入耳，家事国事天下事事事关心"。大自然的风雨声和学子的读书声交互融汇，万籁齐鸣。学子通过读书进而负起家国社会的担当，这真是一幅积极向上的人间图景。

听过南怀瑾先生讲《庄子》公开课，他提到自己的童蒙时代，读书就是出声诵读，并且是有腔有调的。南怀瑾先生做了示范。他非常满意这种读书方法，并惋惜其不传。吟诵，对听觉和脑子都是一种良性刺激，有助于记忆和吸收。在写作中，那消化了的知识，自然而然地也会流注于笔端。

文字是口头语言的书面形式，而念出来，不过是还原语言文字素朴原始的功能罢了。据说中国古代的诗词，都是用来唱的，不唱，功能价值就废弃了一半。曾国藩也推崇朗读吟诵，对于喜欢的诗文，他强调出声阅读："李杜韩苏之诗，韩欧曾王之文，非高声朗诵则不能得其雄伟之概，非密咏恬吟则不能探其深远之韵。"在不同的声调中感受文章的起伏低昂，或大声朗读，或低唱细吟，这样才能真正得其气势，体味到深邃悠远的意味。

不知从什么时候开始，我们读书，多了默读、跳读或速读，学了些一目十行的本事，就是不肯老老实实地朗读。有的课堂上，读书浅尝辄止，一带而过，老师还不停地看表催促，着急得不行，生怕"读"得慢了。

放声读书的好处，王阳明谈得最透彻。《传习录》载："大抵童子之情，乐嬉游而惮拘检，如草木之始萌芽，舒畅之则条达，摧挠之则衰痿。今教童子，必使其趋向鼓舞，中心喜悦，则其进自不能已。"他深谙儿童身心特点，是一位高明的心理学家和教育家。对于读书，他给出的良方就是大声朗读。在此，读书倒很像是一项好的体育运动："非但发其志意而已，亦所以泄其跳号呼啸于咏歌，宣其幽抑结滞于音节。"这个办法循乎规律，合于天性。

王阳明认为，诵读能够导志意，调性情，消鄙吝，化粗顽，"日使之渐于礼义而不苦其难，入于中和而不知其故"。诵读既能燮理阴阳，又能强身健体，具有潜移默化的功效。其实，"阅而又读"引发身心运动，调动声音和听觉等多种感官参与，这未尝不是王阳明"知行合一"思想的另一种表现形式。

看到文字，以心领神会之后的音调、语气念诵出来。这，可能也算读书的真谛吧？

所以，读书不光要看，还要大声地读。

非最好的书不读

根据市教科院统一要求，放假之初我们组织了诸城市中小学师生第八届"新华杯"读书征文等系列活动，上周组织了语文教师读书成果展示分享活动，涌现出许多成功经验：打卡签到、进度分享、评价督促、感悟随笔分享活动、师生共读等。读书是教育人的常态，是一种必然需求。下面我从三个方面汇报个人读书的一点收获体会。

一、无书读与有书读的时代

我们这个年龄的人，经历过无书读的尴尬年代。那是一个物资匮乏的年代，但人的精神并不贫乏，一本好书，如《红岩》《青春之歌》等，就足能影响人的一生。

据统计，现在中国每年出版图书三四十万种。在书籍泛滥的年代，读什么样的书就变得很重要。

周国平将书分为三类：第一类是"完全不可读"的书。这是外观像书，实则没有任何价值的印刷垃圾，不能提供任何精神营养、艺术欣赏或有用知识。第二类是"可读可不读"的书，世上的书多数是这种。他把专业书籍也列入此类，因为它只对专业人员来说是必读书，对其他人来说不必读。充斥书市的营销策略、人生赢家、社交口才、职场规则、发财致富这类主题的书基本都是快餐式读物，可读可不读。第三类是"必读"

的书，不朽之作，经典名著，也被称为"永恒的书"。

要列具一个通行的必读书目，是很难的，因人而异，但是总会有一些交集：比如四大名著，比如孔子、老子、柏拉图、莎士比亚等。关于图书的选读，林语堂先生曾经说过："读一部《小说概论》，到底不如读《三国》《水浒》；读一部历史教科书，不如读《史记》。"

眼下要想不被信息泡沫淹没，就得保持警惕，每个人得找到真正适合自己的读物，并且成为它们的知音。

二、非最好的书不读

听过一个笑话：某人好藏书，收集了很多书，说将来有时间了再读。现在退休了，天天见人就打包往外送书，唯恐送之不及。有书了，他也有时间了，却对读书早已丧失了兴趣，听到读书就头痛。

今年的"加长版"寒假，是非常珍贵的一段可集中读书的时间。相信对于每个真正喜爱读书的人来说，正中下怀：足不出户，没有奔波之劳，终于可以安安静静地饱读一回了！

有人这样描摹读书与不读书的区别：喜爱阅读的人，活在时间的长河里与先贤哲人相晤对；不爱阅读的人，活在空间的闹市里与邻人俗士相往还。

人的一生是极其短暂的，天下好书是读不完的。如果有"非最好的书不读"这样一个理念，那么，我们有限的时间就会用在刀刃上。高品质的阅读，无形中也延展了我们生命的长度。

袁中郎所谓"读所好之书，不好之书可让他人读之"，用此可幽默一把。

三、泛读和精读的选择

读书目的不外乎以下三个：一是实际需要，比如职业发展需要；二是消遣，打发时间；三是获得精神的启迪和享受。

如果只为一、二目的，就可泛读。泛读，意在追求对作品的整体理解，阅读结果只提取观点、精华而已。

统编版语文教材的一个理念，就是多读书，有专家提出了"连滚带爬"地读，语近粗俗，但是道理不俗，我的理解，就是不求甚解、囫囵吞枣地读。

有的书不值得耗时，又不忍割舍，就用这个办法。周国平用这个办法清理自己书橱中积压的书籍，粗看看再扔掉，心里也踏实，也算对得起这本书了。现在我们每个人手里大概都有这样一批书，翻阅一下，了解其大概，得其思想观点，就可放心处理了。

对于那些经过时代检验的思想家、哲学家的原典，可以选择精读。这也是针对第三种读书目的的方法，需耐着性子读，这是一些能"磨脑子"的书。

读"二手书"的好处，是吃别人嚼过的馍，思想理念解读过了，被稀释了，容易理解。但是要防止让低级读物败坏了口味，降低了审美。

有人说可以把艰深的阅读浅表化，增加其趣味娱乐功能。如《论语》《庄子》也可以用放松的心态去阅读，这也是培养兴趣的好办法。普通人没必要端着架子做研究，读不懂，不必勉强，可暂时搁置，先读一些能懂的。这是一个慢慢浸染和熏陶的过程。当从经典阅读中享受到愉悦美妙，你会发现你的品位离庸俗的消遣越来越远了。

我们提倡"好读书，读好书，读整本的书"，目的之一也是培养阅读兴趣，养成纯正的阅读品位。

陈文先生有句口头禅："工作再忙也要读书，收入再少也要买书，住处再挤也要藏书，交情再浅也要送书。"这是真正的读书人。

诸城市教育和体育局领导也非常重视读书，寒假期间诸城市教科院王院长带领教科院全体人员读书，推荐了佐藤学等人的教育理论图书，营造了浓厚的读书学习氛围。

作为学校的灵魂人物，校长不仅是一道防火墙，为进入学校的图书把关质量，也是一个读书标杆，影响着师生的价值取向，引领着学校读书的品位。校长、教师，包括我们教研人员，都要做一个身体力行的读书人。不管你愿不愿意承认，我们的认识态度、审美水准也在左右着周边教育环境的文化层级，而且每个人都是不可替代的角色。

也谈教材这个例子

在河南省郑州市举行的第五届全国"语文主题学习"成果展评活动中,山东省教科院张伟忠老师做课堂大赛点评时,提到"语文教材不仅仅是个例子"的观点,我深以为然。

"教材无非是个例子",是叶圣陶先生的一句话,语文教师都知晓,大家耳熟能详。但由此能上升到"不仅仅是个例子"的认识,恐怕没有多少人。可见作为教材的编写者,张老师还是站位更高远一些。

我也谈一点自己的认识体会,以作补充。

教材体现着国家意志。教材,在此主要指教科书,它是教学活动的凭借,是教师教的材料、学生学的材料。在学生接触到的社会、学校和家庭这个圈子里,教材是和学生直面的意识形态的一方舆论阵地。可以说他们所谓的"三观"都是从教材中得来的。教材在培养什么人的问题上,毋庸置疑地起着方向性的作用,这也是教材编写者首先要考虑的问题。

民国时期课本中的《修身》(第三册)第一课是《父恩》,第二课是《母恩》,第三课是《孝亲》,第四课是《兄弟》,第五课是《姊妹》……从家庭伦常开始学习。古人云:"修身,齐家,治国,平天下。"一个人只有先努力提高自身修养,懂得如何做人,将来才能有更大的作为。

由叶圣陶主编的1932年版《开明国语课本》(下册),第一课就是《中华》:

"中华，中华，我们大众的家！//高大的山岭连延南北，//广阔的江河滚滚东下。//良好的田地到处都是，//年年生产米、麦、桑、麻。//富足的矿山指说不尽，//多量采用哪怕缺乏。//中华，中华，我们爱护她！//谁来犯她，我们抵抗他！//中华，中华，我们大众的家！"

叶圣陶说过："小学生既是儿童，他们的语文课本必得是儿童文学，才能引起他们的兴趣，使他们乐于阅读，从而发展他们多方面的智慧。"这童谣式的课文，读起来朗朗上口，再配以大师丰子恺的漫画，就是一件精美的艺术品。1931年沈阳发生了"九一八事变"，1932年上海发生了"一·二八事变"，国家正处于强敌窥伺、风雨飘摇的状态中，这些文章读来令人豪情顿生，热血沸腾。这就是国难当头时，儿童应接受的教育，是时代、国家和民族为唤醒民众发出的号召。

时代久远的不谈，我们自小上学，到后来从事教学，课本中的那些好文章、那些鲜活的艺术形象，铭记终生。那些获得的教益，爱国、忠诚、博爱、礼让、善良、孝道，无一不是从教材中来，由此成为我们一生的指路明灯。这就是教化的作用，这就是教材的价值。

教材有一定的学科特质。语文教材的主要组成是课文，是血肉丰满的一篇篇文章。对于语文学科的性质，某段时间曾经纠缠于工具性和人文性的纷争。尘埃落定，反顾静观，似没有多大价值。我以为，为语文定义工具性的时候，我们也从来没有忽视它负载的人文内涵；唱人文性的高调时，我们也没有丝毫削弱它作为工具性的学科担当。说来就是一个工具性与人文性强弱的共生和调和的过程。这正如一个硬币的正反两面，它们是一体的，是没法分割的。别说一篇篇的课文，就是一个有意义的字，它也是音形义的综合表现，这就是汉语言的魅力所在。

换成其他学科则不成。如做数学题，数字、公式、符号里面，如果想从中刨出一些思想情感的火花来，老是琢磨着怎么让它负载一些昂扬向上的旨趣，就非常勉强，这就是由数学学科特点决定的。

教材的价值需要多方合作实现。"语文教材不仅仅是个例子",这是强调阅读课文本身的过程就是学习的一部分,而不仅是强调以此为例达成某种方法、规律或者能力的学习。譬如学习一首《望天门山》,美美地读一下,画面在大脑中自然浮现,江山壮美陶然于胸,韵味无穷。那种意趣的熏染不可言说,止于此,也就可以了。若是硬要讲出来,写出来,就大煞风景了。

　　例子,指"性质类同的事物中具有代表性的单个",这更像一个数学术语。如果认为语文教材无非只是个例子,就在无形中低估或者降低了语言本身的价值。功能的达成,需要把教师、学生、文本三者结合起来,让"例子"鲜活起来,语言文字本身具有的价值才能活泼地展示出来。

兼谈诗歌的"文本特质"

2019年9月23日下午，我来到诸城市第一初中，第一节，听老师执教《艾青诗选》导读课，这是九年级上册的内容。教师做了较为充分的准备活动，抓住诗歌教学特点，指导学生朗读，教师在导入、范读等环节，很有激情。朗读富有感染力、重视方法教学、有意引领大量阅读等，都显示出教师扎实的教学基本功。课堂上的诸多优点，教研组参与听课的教师们的意见也是比较一致的，不烦细述。

我的一点感受是，本节课有意犹未尽之感（虽然课堂还拖长了五六分钟）。教师朗读的种种好，若能体现于学生身上，那就再好不过了。建议就一条：应抓住诗歌的文本特质实施教学。

什么是文本特质呢？山东省教科院张伟忠老师曾多次在评课活动中强调"文本特质"这一概念。以这节课欣赏的《我爱这土地》为例，在此也谈谈自己的一点认识。我想，所谓"文本特质"应当大略包含以下几个方面：

首先是文本的文体特征。这是一堂诗歌教学，是区别于其他文体文本的教学。诗歌是兼具韵律美、图画美、建筑美的一种文学体裁，是高度凝练的语言艺术。欣赏韵律美，要朗读；欣赏图画美，要借助想象；欣赏建筑美，要从模仿走向创造。任何一首好诗，都是值得字斟句酌的。每一个字眼，每一种意象，甚至每一个标点符号，都包含了无穷的内蕴，值得细细咀嚼，慢慢品赏。

譬如，开头第一句"假如我是一只鸟"，这是一种鲜明的角色转换，抒情者以特定的形象定义，给读者以角色的导引。固定的意象，兼具明晰和模糊的双重特点，包含了丰富的多样性。教师可以就此展示引导提问：在你的心目中，你愿意自己是一只什么鸟呢？

同学们可发挥丰富大胆的想象——

我愿是一只喜鹊，报喜的鸟，将胜利的消息早早告诉那些望眼欲穿的人们；

我愿是一只雄鹰，在风雨如磐的恶劣环境中，搏击长空，血拼到底，誓不妥协；

我愿是一只杜鹃，任凭嘴角泣血，一声声呼唤失去的国土和家园；

我愿是一只鸽子，祈愿消除战争和侵略，让世界回归安宁和平；

我愿是一只凤凰，在浴火涅槃后，迎接灿烂的光明和新生；

……

这样的想象练习，美不胜收，饶有兴味。英国诗人雪莱也曾说，"诗可以理解为想象的表现"。同学们大胆放飞思绪，用最美的艺术形象来给语言文字注入生命活力，让诗句插上灵动飞翔的翅膀。这就是诗歌意象内涵的无穷魅力啊。此类文体有，而其他文体没有，这是"文本特质"的第一个方面。

其次是文本的艺术价值。即这首诗歌出现于所在单元，编者有何意图？执教者如何对待？这首诗歌写于1938年11月17日，那是一个特殊的时代：国难当头，国土沦丧，人民生活在水深火热之中。那么它就有了更直接的意义，表达了诗人炽热的爱国之情和对侵略者的满腔仇恨。诗中的"鸟、土地、河流、风、黎明……"，就有了更丰富的意蕴；"嘶哑的喉咙"、满眼的"泪水"，就有了现实的感召意义，思想感情就有了明确的指向和依托。

另如田间的《假使我们不去打仗》——

  假使我们不去打仗,

  敌人用刺刀

  杀死了我们,

  还要用手指着我们骨头说:

  "看,

  这是奴隶!"

再如叶甫图申科的《俄罗斯人要不要战争》——

  俄罗斯人要不要战争?

  那就请你们去问问

  宁静的辽阔耕地和原野,

  还有白桦和杨树林。

  请你们再去问问

  埋在白桦树下的士兵,

  他们的儿女将回答你们:

  俄罗斯人要不要战争?

  ……

  是的,我们英勇善战,

  但不希望在战斗中

  士兵们又一次阵亡

  在祖国忧伤的土地上。

  请你们去问问母亲们,

> 去问问我的妻子,
>
> 你们那时就该明白:
>
> 俄罗斯人要不要战争?

这些诗作,相当于唤起万千民众的警钟,是鼓动人们奋起反抗的号角。基调把握得体了,爱国、爱家、爱土地的情感油然而生,救亡图存的昂扬悲愤之情鼓荡于胸中,朗读还会那么寡淡无味吗?

短短一首诗歌,别看寥寥数语,其战斗力敌得过若干高头讲章。立德树人、精神文化的继承发扬、爱国主义教育从来不是空洞的口号,不是虚浮乏力的说教,比如这首《我爱这土地》就是最好的德育题材。学生之所以没有读出味儿来,主要是对这首诗歌的战斗意义认识不足。执教者宜融通作者、编者的初衷和意见,进行教学精准定位。1937年7月7日,卢沟桥的枪声震撼了整个中国大地,也把诗人的诗思引向民族救亡图存的滚滚洪流。纵观艾青这一时期的诗作,总是充满着"土地的忧郁",多写国家民族的苦难、悲伤与反抗,具有非常凝重、深厚而又大气的风格。阅读此首作品,我们仿佛听到诗人胸膛中发出了"中华民族到了最危险的时候"的怒吼,一个悲愤、挣扎的灵魂跃然纸上。此文因其独特的艺术价值,适合出现在此处,而非出现于彼处,这是"文本特质"的第二个方面。

再次是文本的审美意义。我国是一个诗歌的国度,前人为我们留下了丰厚的诗歌文化瑰宝。中国人的灵魂和修养,可以说是在诗歌的这泓甘泉里浸润滋养的。凡有文字处,必有诗歌的影子。无法想象,如果剔除了诗歌,我们的文化会变成什么样子。

诗歌作为统编版语文教材"活动·探究"四个单元之一,明确列出了"欣赏、朗诵、创作"的活动任务单。那么在欣赏诵读的基础上,进行模仿创作就应当是教学目标之一。这也是一个较高层次的要求。"单元说明"中的"任务单"之三就是:"尝试创作。选择一个对象,写一首小诗,抒发自己的情感。在写作过程中,注意意象、句式和节奏等。"语文学科核心素养基本要求中的"审美鉴赏与创造、文化理解与传承",就应当落实在这些环节上。

这首诗歌的探究,最终达成的人文情感目标,从小到大依次排列,就是"爱祖国(土地)—爱诗歌—爱祖国的语言文字"。文本特质,兼具单元特征,即由"这一篇文"的学习而至放眼"这一类文"的学习的大格局,这算"文本特质"的第三个方面。

审美意义的文本特质,甚至是超乎学科之上的一种诉求描述。在文化传承中,我们更愿意看到,教师是一个对诗歌满怀热情的人,是发烧友,是爱国者,是身体力行的写作体验者和实践者……否则,你怎么敢贸然开讲呢?

实际情况是,诗歌教学正走在逼仄的小胡同里,举步维艰。在新教材拼组分量中,像是一种不大不小的点缀;在实际教学中,被挤到了不轻不重的边缘;而在现实社会上,眼看没落成一种不痛不痒的小众艺术。教学中教师若淡漠以待,孩子们也将渐行渐远。

诗歌,其将危乎殆哉?

这样练字才有效果

新学期开学之初，到几所学校进行教学视导，教学常规中提供了很多学生的练字作业。近年，学生的书写状况不容乐观，作业、答卷书写潦草，严重影响了成绩。这也让教师和校长头痛不已。

学校对如何改进学生书写做出了许多努力。如我们看到的，加强练字的措施，规定学生每天写多少个字，或写满一页练习纸。很多学校是专用的红格子练字用纸，厚厚地摞在那儿，看起来数量不少。但是对这种加强练字的做法，我并不赞同。

各校学生的练字作业，虽然外观漂亮，貌似书写工整，大有成效，但是细琢磨，除了保持认真工整，在书写基本功上并没有看到大的提高。主要可能因为一点，学校只是提供作业纸，让学生重复练习或抄写，缺乏正确的引导。

只有数量，容易枯燥，写得再多，也是重复。正确的练字方法，应当对照着范例来写，即应当有例字，规范合体的例字。不少学校都少了这一关。书写是有规矩的，以当前中小学生接受的书写教育来看，还停留在把字写对的阶段，距离写漂亮还有很大差距。汉字书写是一门艺术，博大精深，有其丰富的审美意蕴，有的人穷尽一生，在书写上下功夫。如果我们的教师只要求学生每天写三五十个字，就想让学生书写漂亮起来，这想法过于简单，或者简直是痴心妄想。培养学生写一手好字，不妨从以下三方面入手：

一是请一位书法名师指点。现在的语文教师，不客气地说，多数并不擅长这方面技艺。最好找那些有书写专长的，如美术教师，或书法爱好者来担当，每个学校应该都不乏其人。请他们给学生讲讲造字规律，谈谈书法审美，教一些书写技巧。书法教师哪怕给学生上一两节课，也会给他们开蒙，让他们豁然开朗：原来书法是有规范的，并非写得多就行啊！学习技艺如果没有教师引路，那么就容易如人行斜道，一旦取向不对，时间越久，相去越远。

二是临帖。临帖是历史上绝大多数书法名家的入门之径。要有范字模板，照着写。避免抓过来一段课本文字就抄写的做法。一定要对照着字帖写。无规矩不成方圆，照葫芦画瓢的功效还是很明显的，临习一段时间后，你就会发现写字开始有模有样了。

三是各种字体交叉着练习。不需要八体具备，但是最基本的正楷和行楷都要练习。练习正楷是基础，练好行楷，写得又快又好，才是初中生的必备技能。

有感于不少学校抓学生书写，只重数量、不重质量的现状，谈以上几点粗浅认识。

有教无类，共同提高

上午组织召开了诸城市初中语文八年级教学研讨会，围绕即将举行的八年级语文学业质量监测专题，14个学校的教研组代表参与了在线交流发言，分享了下阶段备考的规划策略、路径方法等，都非常实际，此处不烦细述。现就在交流中大家关注的几个问题，谈谈自己的一点思考和认识。

1. 关于文言文教学。普遍反映文言文难教、难学，耗心费力不少，效果却不佳。平日将眼光和精力都放在课堂上，但是考查篇目都是课外的。我认为，对于文言文教学，应当从根上培植兴趣，从课外阅读中吸取养分。就是用对待现代文课外阅读的态度对待文言文阅读。有人认为课外阅读劳而无功，学生读不懂，无所措手足。事实恰恰相反。应当对课外阅读建立层级并分类，你让七年级学生读《史记》《左传》就难一点了，如果让他们读《聊斋志异》《世说新语》试一试，篇幅短，故事性强，字句理解阅读障碍相对较低，学生就容易产生兴趣。

还有一点，不要怕读不懂。（老实说，自己读一些典籍，也有百分之七八十读不懂。真不懂！）读不懂，没关系。阅读文言文的乐趣在于一点点啃，有注释固然好，结合注释，结合翻译，可以轻松一些。实在读不懂，一带而过，囫囵吞枣，也无妨。一个艰涩的字眼，在这里不理解；在另一篇文章里又出现，还不理解；当出现次数多了，某一回，忽然一下子，竟明白了！——在不同的语境中，陌生的字眼会互相解释，互为师法。通过逐渐累积并不断补充、完善，以至豁然开朗，有如神助。叫不出它的名字，但你真的认得它。你有没有这种奇妙的阅读体验？这种摸着石头过河式的阅读，也许就是专家说的"连滚带爬地读"吧。读懂多少是多少，读一点是一点的收获。有课外文言文量的积累，再回观课内文章，区区数篇，小菜一碟。再说了，即使考查课外文言文知识，那能力点也在课内找得到出处。

课外文言文阅读需要教师帮助推介。眼下我们还缺少像样的配套文言读本，教师可以在学案中为学生定期补充相当的适读篇目，细水长流，必见成效。这是一个负担，需要教师有心。

2. 关于课外阅读。教师们都强调了课外阅读的重要性，毫无疑问，这是抓住了语文教学的"牛鼻子"。我要说的是，学生进行课外阅读，教师不能缺席。教师要做学生阅读的引路人。可怕的是教师给学生布置了一大堆的阅读文本，开列了一长串的推荐目录，而自己却不肯多看一眼。一个爱阅读的孩子，一个有浓厚阅读氛围的班级，背后应当有教师的影子。谁见过不会凫水的人当教练？这里强调的是教师的浸润和身教，并不是简单的干涉包办。爱读书的语文教师自能濡染和影响学生：读书，原来也是这样美美的事儿啊。

教师应该是一个有着独立个性和阅读品位的人，不怕你的口味取向把学生带偏了，只怕你不读。

3. 关于写日记。有不少教师提到以日记作为提高写作水平的训练途径，我们很欣赏。这事说起来容易做起来难，写一篇两篇，写一年半载都容易，但天天写就是一项大行动。村上春树说："写文章本身或许属于头脑的劳动，但是要写完一本完整的书，不如说更接近体力劳动。"写日记虽不同于写一本完整的书，但一学年下来那厚厚的一摞日记本，也是一项了不起的工程。这项工程非超人的毅力支撑不可，除了个别热衷书写的、自觉自愿的、自得其乐的人，多数人还是觉得这更像是个苦差事。

那么，如何保持学生持久的写作热情？最好的办法就是老师跟进批阅。在老师的指导、矫正、评价中，学生不断得到肯定鼓励，看得见阶段写作的进步，能享受到写作带来的成功和愉悦，从而刺激表达的欲望和兴趣，养成持续写作的习惯。

我们之所以提倡写日记，是因为看重它对于提高写作素养的价值，是把它当成练笔来对待的。如果没有老师介入的评价和激励，自由松散地写作，比较低效。而对于那些个人私密日记，学生可以锁在自己的抽屉里，老师就没有必要看了。

4. 关于A类生。A类生说的是学优生，就是尖子生。培养学优生固然重要，但是我们也应该看到，一窝蜂地把精力投放在学优生身上，并非长久之计。学生是不是也可以这样划分：一部分是A类生，一部分是准A类生，一部分是潜在A类生，还有一部分，现在既不是A类生，也不是B类生或C类生，但将来可能成为某个行业的A类生。孔子告诉我们教育学生要"因材施教"。学优生要吃饱、吃好，后进生要吃了。孔子还教育我们"有教无类"，一视同仁，平等对待。

所以关注A类生的同时，又能兼顾全体，不放弃每一个，才不会跑偏。比较欣赏某位专家说的，教育的目的不是培养"人上人"，不是培养社会精英，而是培养"人中人"。每个学生都是未来社会的一分子，绝大多数人是人群中的普通一员，培养有健康体魄、健全人格的合格公民，是每一位教育工作者应该特别关注的。

5. 关于高效课堂。课堂是教学的主阵地，提高课堂教学效率，打造理想课堂一直是我们追求的目标。当下课堂教学中，很多环节设置流于表面。比如教学目标制订中，"识记积累字词"这样的目标，放在哪节课中都可以，就不适合当作目标；动不动来一个"分组讨论"，也不问为什么要讨论，是否有讨论的必要；答案有没有什么实际价值不加辨析，"此处可以有掌声"的热闹本事倒学了不少；放弃追寻文本、作者与师生心弦的自然共鸣，干巴巴地"贩卖""表达了什么样的思想感情"几句结论，连自己都会觉得难为情……

语文课没必要搞那么复杂。再以"教学评一致性"的教学为例，这更像是一种教学理念。"评"是对课堂流程中教学效果不断回顾、反观、矫正、检测的自觉判断，它不是一串问题、一套小卷的当堂操作可以解决的。如果每堂课中，都记挂着评的手段和环节，就好像人在正常行路的过程中，不断地停下来，耍两个枪花玩玩，必使旁人觉得乖张和怪异……立足学科本位，遵循学科规律，建立学科规范，从技术操作的框架中逐渐解脱出来，也是课堂教学不断走向成熟的标志。

在展示中增加一点亮色

2020年8月19日上午，为迎接潍坊市的假期教学研讨活动，组织部分骨干教师参与线上小型业务研讨。针对一个单元备课任务，对两位青年教师的展示进行观摩研讨。由王源榕和关婷婷二位老师展示，有16位老师参与了在线观摩及点评。两位说课的教师事先在本校教研组做了集体备课和展示，进行过初步打磨。本次活动内容，要求每人用十分钟时间，展示一个单元的整体备课，附带展示一节课的备课成果。在教师展示和同伴集体点评后，本人就如何提高展示成效，提出以下几点建议。

一、主次宜协调

十分钟限时展示，展示的内容包括单元备课成果和一个课时的代表性课例，内容多，时间短，要求高。做好很不容易。掌握不好，不该说的说了很多，想说的没等说，时间就一下子过完了。

展示时不宜面面俱到，如课程标准、课程方案，不必展开阐述，陈述时可概括一下，简明扼要，点到为止。

对于单元目标、课时目标这些内容，现在是展示给同伴看，课件尽量表述得具体清楚，但陈述的时候要简洁一些，大家是相同学科背景下的教师，一看就清楚，心知肚明，就没必要太啰唆。如果是展示给学生看，则需要更精简。

二、重点要突出

目标制订要突出本单元训练重点，关注统编版教材编排中关于语文要素及人文主题的双线设置，尤其要紧扣朗读教学的要求。朗读方法及习惯养成是现阶段的教学重点，教学设计中应予以突出。单元内容适合作为朗读素材，围绕"读"字做文章，这是今天两位老师做得较好的方面。根据同伴建议，继续深化即可。

三、环节应完整

本次展示的主题是基于标准的教学评一致性课堂教学，那么教学评一致的基本理念需要体现出来。本人认为，从宏观的方面来说，教学评是贯彻始终的，表现在全部教学环节之中，即使一个简单知识点的落实、一个小小的课堂提问，都会有发起、研究、练习巩固、达成的一个过程，这个过程必然包含落实得怎么样的问题，结果生成回应后，反馈是否需要矫正、补救呢？这里面就蕴含了评价的手段。它与教学过程相伴相生，有时是隐性地存在其中。另一种评价就是外显的，表现为单项的具体评价手段的使用。今天第二位老师展示中的表格呈现，这个形式很直观、有条理，每个教学步骤采取的评价方法、具体措施、达成目的等，一一罗列，一一对应。这是比较实用、规范的评价设计，明晰地将教学评一致性的要求呈现了出来。如此必不可少的内容，就不能忽略。

四、个性须鲜明

教材的文本内容，丰富细腻。陈说的环节结构，只是大致的骨架，结合文本，才生成血肉灵魂。这个很重要，就是提倡对文本的解读体现个性化，防止千人一面。对于一篇文章的解读，如果满足于一般化处理，那么基于这种处理的教学只是基础大通套的教学。这样的教学是四平八稳的，但一定也是平淡无奇的。"文似看山不喜平"，作课也如同作文，个性化的理解，蕴含创造的根芽，这是在常规的教学平面上，激起波澜、增加亮色的做法。其可贵之处在于，以教师的创意点燃学生创造的火花。

当然不光是个性化文本解读，教师的创造性还表现为教学手段的新探索。某教师执教《陋室铭》，在引导学生朗读课文的过程中，就变着法作过多种尝试，其一就是以繁体、竖排、隐去标点重新编辑原文的方式。这是一个很高明、很奇妙、很有趣的做法。中国古代的文章不都是这样子吗？竖式排版，自右至左读诵，自行句读。学生只有读熟了，甚至熟能成诵，才能流畅地背下来。这个方式，是对学生高层次认读能力的训练，不但切合文本特征，新颖活泼，趣味横生，而且很自然地将学生导入传统文化的情境……这是贯通古今、有生命有活力的语文教学啊。

相同的文本如相同的食材，在不同的厨师那里会做出完全不一样的味道。创意设计，个性解读，这是让个体教学风格特色鲜明起来的好途径。区别于他人的一招一式，也是让展示亮起来的一个元素。如果可以称为秘诀，也一定是源于实践经验的艰苦积累和教学智慧的积极发挥。这也是表现课堂优劣的核心部分，需引起大家的关注。

从中考试题看名著阅读

这是"2020年潍坊市初中学业水平考试语文试题"中关于"名著阅读"的一道考查题目：

阅读《儒林外史》中的两个片段，回答问题。（5分）

①周进一进了号，见两块板摆得齐齐整整；不觉眼睛里一阵酸酸的，长叹一声，一头撞在号板上，直僵僵的不省人事。……扶着立了起来，周进看着号板，又是一头撞了去；这回不死了，放声大哭起来。众人劝也劝不住。金有余道："你看，这不是疯了么？好好到贡院来耍，你家又不曾死了人，为甚么号啕痛哭？"周进也不听见，只管伏着号板，哭个不住；一号哭过，又哭到二号、三号，满地打滚，哭了又哭，滚的众人心里都凄惨起来。金有余见不是事，同行主人一左一右，架着他的膀子。他那里肯起来，哭了一阵，又是一阵，直哭到口里吐出鲜血来。

②严贡生将钥匙开了箱子，取出一方云片糕来，约有十多片，一片一片，剥着吃了几片，将肚子揉着，放了两个大屁，登时好了。剩下的几片云片糕，严贡生搁在船板上，半日不来查点，却那船家肚饥，又害饥癆病，于是就顺手一片一片拈在了嘴里，严贡生见着，又假装不见。……"还说是云片糕！再说云片糕，先打你几个嘴巴！"严贡生转骂道："既然你众人说，我又喜事匆匆，且放着这奴才，再和他慢慢算账！不怕他飞上天去！"骂毕，扬长上了轿，行李和小厮跟着，一哄去了。船家眼

睁睁看着他走去了。

（1）《儒林外史》中因与范进同病相怜而使范进中举的人是_____。（1分）

（2）《儒林外史》特别善于通过富有情味的细节来塑造人物，揭示主题。请选择一处细节描写进行赏析。并结合小说原著分析其意义。（4分）

下面是参考答案：

（1）周进。

（2）①赏析：周进在贡院撞号板、满地打滚、哭了又哭，这一细节活画出周进疯狂痴迷的精神状态。意义：刻画了一个深受科举制度毒害的读书人形象，表达了对这类读书人的嘲讽与可怜，也表达了对封建科举制度的痛恨和批判。②赏析：严贡生吃完云片糕后，故意不来查点，并装看不见。这一细节表现严贡生的阴险狡诈。意义：形象生动地刻画出了一个品行恶劣的读书人形象，鞭挞了那些虚伪无情、贪图名利及借助功名横行霸道的读书人，也批判了腐朽的科举取士制度。

本题目的考查特点，一是从整体内容上考查，如第一题对人物形象的了解；二是局部的细节考查，如第二题富有韵味的细节赏析。命题较为科学，能够考查出学生对本部名著的真实阅读水平。

提供一段或数段选文，来考查名著整本书阅读，是近几年通行的一种考查方式。如果认为，有了现成的文字材料，考查信息就会包含其中，难度会降低，不阅读名著也可以应对，那就大错特错了。

以阅卷中发现的情况统计，第（1）题满分1分，平均分约为0.73分，还算不错。但也有小部分考生乱写一通，什么范仲淹、欧阳修等，也有奇葩的，竟然写了"周进一"的答案，原文是"周进一进了号……"，这位考生读破了句子，肯定是将此认为是人物名字了，看这望文生义的功夫，原著读没读就可想而知了。

第（2）题满分4分，平均分约为0.87分，很低。如第一处细节描写，答起题来就出现很多不着调的。如"周进看到号板回想起中举前的日子，心里很难受""周进得知自己中举，长叹一声，撞向号板""周进考中进贡院，喜极而疯""周进也不听不管……塑造了一个无理取闹、懦弱、虚伪的人物形象"等。第二处细节描写，答题也是五花八门，有考生赏析严贡生"一片一片，剥着吃了几片"，体现了其贪婪、吝啬、小气、视钱如命的守财奴形象；有考生赏析"取""剥""吃"这几个动词，表现了严贡生吃东西慢；也有考生写到吃剩的云片糕被掌舵吃掉，严贡生假装看不见，后面又责备舵工，体现了他自私自大、小肚鸡肠、欺凌弱小，或者小气、易怒、尖酸刻薄……这些理解都是很片面的，不到位的。对于严贡生形象的理解，还有考生说他是一个腐败的官吏形象，一个守财奴形象（跟严监生混淆了），一个傲慢、看不起劳动人民的形象……也是理解出现了偏差。

以上只是答卷中出现的怪异的个案。为判分公正公平，阅卷之初，阅卷人员制订了更为详尽的评分标准，细化了赋分项目。

譬如第一处细节描写参考答案："周进在贡院撞号板、满地打滚、哭了又哭，这一细节活画出周进疯狂痴迷的精神状态"，"合理简述故事细节"和"周进疯狂痴迷的精神状态"确定为两个得分点。其意义为："刻画了一个深受科举制度毒害的读书人形象，表达了对这类读书人的嘲讽与可怜，也表达了对封建科举制度的痛恨和批判"，确定"针对人物形象的塑造"和"故事情节所表现出的主旨"为两个得分点。

第二处细节描写参考答案："严贡生吃完云片糕后，故意不来查点，并装看不见。这一细节表现严贡生的阴险狡诈"，"严贡生吃完云片糕后，故意不来查点，并装看不见"和"阴险狡诈"为两个得分点。其意义为："形象生动地刻画出了一个品行恶劣的读书人形象，鞭挞了那些虚伪无情、贪图名利及借助功名横行霸道的读书人，也批判了腐朽的科举取士制度"，此处确定"针对人物形象的塑造"和"故事情节所表现出的主旨"为两个得分点。

评分依据有严格的尺度和标准。命题人提供的只是片段式文字,有效的信息或者忽略,或者隐去了。如第一段文字,出自《儒林外史》第二回结尾和第三回开头,跨着两回,前面有周进屡试不中,在人家处馆,受人轻视,过着寒酸的生活,由其姐夫提携,做一记账的加入合伙生意,进省办货时,偶遇贡院维修,有机会参观,没想此一游览,触景生情,勾起无限心事,悲从中来,才出现昏厥中恶以至吐血的一幕。后面又有众生意朋友倾囊相助,捐监进场,才有后来飞黄腾达,并且有与范进同病相怜格外垂青的后续故事……这些内容在试卷呈现的片段中是没有的,只有读过了原著,才清楚前因后果的完整衔接。

第二段选文,更是大开大合,讲一些重要细节,如:

少刻,船拢了马头。严贡生叫来富着速叫他两乘轿子来,摆齐执事,将二相公同新娘先送了家里去;又叫些马头上人来把箱笼都搬了上岸,把自己的行李也搬上了岸。船家、水手都来讨喜钱。严贡生转身走进舱来,眼张失落的,四面看了一遭,问四斗子道:"我的药往那里去了?"四斗子道:"何曾有甚药?"严贡生道:"方才我吃的不是药?分明放在船板上的!"那掌舵的道:"想是刚才船板上几片云片糕。那是老爷剩下不要的,小的大胆就吃了。"严贡生道:"吃了好贱的云片糕!你晓的我这里头是些甚么东西?"掌舵的道:"云片糕无过是些瓜仁、核桃、洋糖、粉面做成的了,有甚么东西?"严贡生发怒道:"放你的狗屁!我因素日有个晕病,费了几百两银子合了这一料药,是省里张老爷在上党做官带了来的人参,周老爷在四川做官带了来的黄连!你这奴才!'猪八戒吃人参果,全不知滋味'!说的好容易!是云片糕!方才这几片,不要说值几十两银子,'半夜里不见了枪头子,攮到贼肚里';只是我将来再发了晕病,却拿甚么药来医?你这奴才,害我不浅!"叫四斗子开拜匣,写帖子:"送这奴才到汤老爷衙里去,先打他几十板子再讲!"

掌舵的吓了，陪着笑脸道："小的刚才吃的甜甜的，不知道是药，只说是云片糕。"

这些大段的精彩描写，活灵活现的角色对话、挖坑讹人的险恶用心、虚张声势的人物嘴脸等，都给巧妙地略去了。我们见到的，只是冰山一角。不读原著，单凭些许文字，又怎么能凭空想得出来！

由此可见，用阅读理解提供的有限文字信息，现学现用现蒸现卖式应考，是根本靠不住的。凭试题提供的文字做题，只能答个大概，那些似是而非的答案，在边缘上转悠，以严格的评分标准卡一卡，是得不到什么理想分数的。

做名著阅读题，没有捷径，不能投机取巧。中考试卷中的阅读片段，以选拔甄别为目的，戴着半遮半掩的神秘面纱，它本身就是一柄双刃剑。你做好了，就是"窥一斑而见全豹"；做不好，就是"一叶障目不见泰山"。所以应对办法只有一个，就是老老实实地读起来，读原典，读整本的书。在文字里面走一趟，"出水才见两腿泥"。即使粗粗地读一遍，咀嚼过的文字也自能编织一个独特的世界，那些人物形象、思想主题、情感倾向甚至种种细节，是立体地存储于脑海里，是活生生地站立着的符号。至于名著教学中那些阅读的片段赏析、习题训练、强化巩固，是等而下之的事情；而分数呢，只不过是踏实读书之后的衍生物罢了。

让主题学习实验走向更深处

"语文主题学习"扎根诸城已经十四年,它以其先进的语文教育理念,一直深受师生、家长的欢迎。当校园形成良好的读书风气,社会形成基本认可度,"语文主题学习"成为新常态之后,我们也开始寻找持续深化的路径和方法。

一、深耕课堂,发挥课例研究的优势

主题学习实验倡导大量阅读,落脚在课堂上,就是解决阅读的基本口粮。着眼课堂,就离不开授受关系的协调、时间的掌控、容量的把握、学习方式的转变等实际问题。

一直以来我们都很重视课堂,特别是近几年,加强了基于课程标准的课例教学研究行动,聚焦课堂,精准分析,建立学习共同体,形成集体会商机制。

基本程序是,组建团队,制订《课堂观察量表》,设计量规,进行任务细化分工,确立活动主题、观察对象、研究目标以及明确观课后的议课程序。将前置备课、集体研讨、课中观察、课后评课、教后反思、整改修正、二次备课上课、生成报告等,形成一系列配套方案。

将课堂案例放到聚光灯下剖析,多维度、多层次建立观察点。这种操作,将过去笼统、模糊的课堂评价,变得细致、规范、数字化,提升了课堂研究的精准度。在细化的研究分析中，实现思想碰撞交锋，通过分享同伴智慧，不断修正教学设计，使课堂趋向完美。

课例研究的模式，要改变一个人讲，一群人听，但最终一人点评，其他人只是围观旁听的现状。每一个观察小组，都有严格的角色分工，分包具体的观测单元；其成员组合，有骨干教师和新入职教师，关注老中青年龄搭配，实现"青蓝"合作帮带。

以对"课堂提问"的"专题课例研究"为例，观测记录栏目就涉及记录当堂提问的次数、回答的人数、提问方式、提问面、问题最终解决的比例等，最后一一罗列，分类，区分哪些是有效问题，哪些是科学发问，哪些是假问题，哪些可有可无……课堂的每一个环节，这样掰开揉碎地逐一研究，所有问题、缺陷均无所逃隐。这种研究，常常会引发讨论，升华智慧，形成良好的研究结果。

如针对课堂"练习设计"的一次案例研究，某青年教师执教《艾青诗选》荐读的一节课。老师重视朗读、背诵、比较阅读，课堂内容充实，环节较完整。课后研讨中，有的老师提出，可增加诗歌写作练习的环节。这引发了激烈讨论。执教者认为时间不够，就删掉了；有的老师认为学生写不好，影响当堂效果，不必碰触；有的老师认为诗歌写作考试也不考，不必涉及……我认为，诗歌教学很重要，又是薄弱环节，是初中语文教学忽视、弱化了的内容。同时统编语文教材重视诗歌教学。比如古诗词，从数量上就有保障，每册教材有两个"课外古诗词诵读"的板块，另外穿插在各个单元中的诗歌不在少数。而我们的"语文主题学习"丛书编写者，也敏锐地捕捉到这个特点，很好地跟进统编语文教材，作出新的调整变化，强化了"经典诵读"板块的诗歌内容，并将之列为第一个板块。

2020年北京高考语文试卷最后一题分为"微写作"和"作文"两项。其中，微写作是在三个题目中任选一题。第三题为"请为新冠肺炎疫情期间的快递小哥写一首小诗或一段抒情文字"。这个话题不仅引起考生家长的关注，社会各界也为之耳目一新。这也传递了一个信号，提醒诗歌教学的重视和回归。

另外，统编语文教材中还设置了针对诗歌的"活动探究"单元，其中任务一是学习鉴赏，任务二是诗歌朗诵，任务三是尝试创作。那我们就从最简单的开始，从模仿开始，照着诗人的作品来填空练习如何。修正后，教师第二次再换另一个班级上课时，增加了学生创作的环节。就从模仿《我爱这土地》"假如我是一只鸟"开始，学生竟做得有模有样：

我爱这世界

祝千惠

假如我是一朵花，

我也应该用淡淡的花香点缀：

这雨水充沛、生机勃勃的春天，

这骄阳似火、酷日炎炎的夏天，

这天高云淡、金风习习的秋天，

和那银装素裹、漫天风雪的冬天……

——然后，我枯萎了，

连花瓣都消逝在这世间。

为什么我如此深情？

因为我对这世界爱得深沉……

我爱这小溪

唐佳硕

假如我是一块砂石，

我也应该在水中静置，

用带棱角的身体去感受：

这轻柔到感觉不到的风，
这来自鱼儿的鳍，
这来自水波的亲吻，
和那来自地底深沉的呼唤……
——然后我成了细沙
连棱角都被磨平。

为什么我总是沉浸在这溪水？
因为我对这清甜爱得深沉……

我爱这土地

邱炳杰

假如我是一朵花，
我也应该用美丽的身姿舞蹈：
这被阳光所照耀着的土地，
这永远清洗着我们血液的河流，
这永不停歇地掠过的暖风，
和那天空中无比欢快的鸟鸣……
——然后，我枯萎了，
连花瓣也凋落在泥土里。

为什么我依旧还会盛开？
因为我对这土地不离不弃……

我爱这春天

张涵

假如我是一棵草,

我也应该用曼妙的舞姿在春风中翩翩起舞:

这穿着淡黄长裙的迎春花,

这披着蓬松头发的杨柳,

和那在空中翱翔的飞鸟……

——然后我醒了,

连美好都藏在了时光里。

为什么我的嘴角微微上扬?

因为我对这春天爱得深沉……

  虽然学生的模仿还很生涩,一些字眼尚需斟酌,但他们的感悟是真挚的。在模仿中,学生尝到了创作的乐趣。其实每个学生都是天生的诗人,他们的兴趣一旦被激发出来,想象就会插上翅膀,迸发出让老师惊讶不已的创造力。

  课例研究活动提高了团队协作的效能。有时候,所谓的创造,就是比固守的习惯和传统多迈出了一小步。而这一小步,会成为顺势突破的起点。这样的课例研究活动,每个人都是带着任务进入课堂的,都是教研活动的"这一个",不能袖手旁观,置身事外。课堂是执教者的,是学生的,也是旁听者的。每个人在提高课堂效率方面都是不可或缺的一分子,结成了真正意义的学习共同体,每个人都能得到提高。

二、搭建平台,培养骨干教师团队

  教师是主题学习的执行者,我们重视青年教师骨干团队建设。在各类业务活动中,鼓励吸收青年教师参与。通过活动锻炼队伍,提高青年教师的整体素养。

今年寒假，疫情爆发，面对这种突如其来的情况，我们语文学科第一时间就组建了以青年教师为骨干的30人团队，率先开始录制微课。当时的设想是，即使疫情很快结束，立即开学了，我们制作微课也不算白费功夫，起码锻炼了老师。因上学年我们承接过省市微课录制的工作，积累了一定的经验，工作能够很快地启动。线上培训、交流，集体打磨，最后定稿录制，分享，一切都有条不紊地进行。最终完成新学期半月的进度，提供了30节高质量的微课。最初制订了几种分享方案：通过办公平台OA下发，通过网站发布，通过微信分享……所幸后来出现了很多公益平台，以及当地电视台安排的专门频道，服务了全市师生。我们的微课发挥了积极的作用，给全市献上了第一道"停课不停学"的套餐。后期我们又陆续参加了首届"语文报杯"线上优质课展评公益活动。最近据《语文报》反馈，这次活动中我们推荐的微课，有一节获得一等奖，两节获得二等奖。

另外，如参与华樾教育研究院组织的《语文主题学习单元解析与案例》用书编写，参与"一米阅读"冲关习题命制、兄弟实验区送课交流等活动，这都是很好的锻炼机会，我们都十分珍惜。组织青年教师专门参与，大大促进了我们语文教师骨干队伍的整体水平。

应当承认，青年教师中，并不是人人都想争先上进，其中也有个别消极的。现在很多青年人都衣食无忧，追求时尚，享受生活，一些人并不把教师职业当成糊口的主要手段。对于成长和提高，没有热情，缺乏兴趣。付出辛劳，更是难得。这种情况下，引导青年教师树立正确的人生观、价值观，就非常迫切。我们就要搭建各种平台，在实践参与中，在展示中，让他们享受辛勤付出后的成功，从而获得职场的幸福感，变成有理想抱负、昂扬向上、有追求的合格教师。

三、设计活动，提供师生展示的舞台

主题学习实验的初衷是阅读，强调的是阅读的行动，阅读的手段。但肯定不会是单一的内容，它应该继续发展完善。我们强调由读到写，读写结合的双线并行。我们一直设想，如何给师生提供一个长期展示发表的平台。

从2016年始，诸城市教育和体育局与当地新华书店联合，发起了一项旨在促进师生读写的大型评比活动：诸城市中小学"新华杯"读书征文活动。这项活动连续举办了九届，每年两届，暑假和寒假各举办一届，读推荐的书目，写读书随笔、读后感。推荐的书目由诸城市教科院把关，适读书目有几个来源：课程标准推荐，教材推荐，潍坊市中小学阅读能力提升工程推荐，等等。每一届参与师生5000余人，受表彰师生3000余人。每次活动结束，举行隆重的表彰仪式，表彰优秀组织单位和获奖师生，举行阅读成果展演，并启动下届读书征文活动。师生优秀作品结集出版为优秀作文选，由青岛出版社出版，现在已经结集七本，第八本正在酝酿之中。

如果说阅读是过程，那么写作就是结果。我们通过"新华杯"读书征文这样的特色活动，组织师生共写，让读写水乳交融并互相促进，让师生去亲近经典，在应当阅读的黄金时间捧起书来。学生爱读书，这是主题学习实验向往的，也是主题学习的目的。

九层之台，起于累土

2019年5月27日，诸城市教科院在繁华中学初中部组织召开了诸城市七年级教学工作调度会，与会人员为各初中校长、分管级部主任及语数英三科教研组长或备课组长。主要议题是学期即将结束，新学年由七年级升入八年级后，在11月份前后，潍坊市有针对八年级的质量监测，就如何平稳过渡，做好相应准备工作，进行教学研讨部署。

一、端正对语文学科的认识，重新审视语文教学

重新认识语文的学科定位和价值。新课程改革以来，语文学科首先进入统编的教材系列。新教材更加关注"语文素养"：语言能力、思维能力、审美情趣、文化品位。这些"因素"分解成若干个"点"，由浅入深，由易到难，分布并体现在各个单元的预习、阅读提示、练习中，以及相应的"知识补白"当中。新教材是一套全新面貌的教材。课程教材的变化，必然带来语文教学的变化。

1. 由学科教学到立德树人。即树立语文教育是"立人"教育的思想。语文教育的"立德树人"，包括理想信念、意志品质、习惯教养、思维方式、为人处世等方面的教育，这些都属于"树人"教育范畴。

2. 由注重单篇到整体把握。单元整体、教材整体，也指相对集中的一个内容，或一个专题。教学中，要有前后左右相互勾连的思想，有解

决专项问题的意识，要有整合教学资源的设计。

3. 由知识讲解到语言运用。重视知识教学，并不是讲概念、记概念，而是要以运用为前提，坚持活学活用，用中学，学中用。

4. 由课内学习到向课外延伸。语文学习不是只由一套教科书来承担的，一定要有向课外延伸的思想。这种延伸，既包括整合课外资源，也包括课外学习指导，更包括学生的课外语文学习实践活动。

5. 由单一文章到整本书阅读。单篇教学到整本书阅读，不仅是扩大阅读量、汲取经典营养的问题，还是在更高层次上教会学生阅读、思考、学习语文的问题。统编版教材将名著阅读纳入单元教学，构建"三位一体"阅读新体系，某种意义上也是为了解决整本书阅读的问题。

6. 由机械训练到体验感悟。以往的语文教学注重"采点"教学，抓住一个知识点或能力点，死学死练，其结果往往是形成套路，走入模式化。要树立让学生自行体验和感悟的意识，即让学生自己去做，自己去总结，自己去发现问题，自己去解决问题，在自身的体验和感悟中明白读写的要领，掌握语言运用的规律。为此，教学中要多创设情境，多提出问题，多作勾连整合。

7. 由语文学习到文化传承。要改变语文就是"知识与能力"的单一认识，语文含有"文化"的认识。"文化"不仅是文化常识，还指带有中华民族基因的文化共识，例如，以人为本，忠孝仁义，得民心者得天下，等等。要将这些"基因"传给学生。

应对语文教材的变化，教学就要化繁为简，抓主要矛盾，抓培养读书兴趣这个"牛鼻子"。开卷有益，多多益善。新教材的特色之一，用总主编温儒敏教授的话说，就是"读书为要""专治不读书"。

读书是语文的奠基工程，也是学生一生的奠基工程。不读书，应对不了中考，应对不了高考。本学期组织了一些语文活动，如经典诵读、国学小名士、诗词大赛，项目较多。我们组织活动的初衷，是层层组织，让每个学生都参与进来。有的学校在落实上就打折扣了，翻来覆去，就那么几个学生参加，误解了这些活动的目的。比如上午刚进行过的国学小名士，其中快问快答、古诗创作这些项目，并不是20分钟的简单考查，而是对于一个初中生多年来学习语文的、整个文学文化积淀的综合集中展示。活动的结尾，我们还增加了评委针对性的精到点评环节。我们组织这些活动，意义重大，学生一辈子都是难忘的。我们激励参赛的学生，即使你这次没有被评为"国学小名士"，你也正走在向"国学小名士"靠近的路上。所以，学校要搭建各类平台，善于利用各种平台，将阅读付诸行动。

二、重视对语文教师，尤其是青年教师队伍的潜力挖掘

重视语文教师队伍建设，做好"青蓝"传帮带。

语文教师是一个大群体。学校应注意教师搭配，不要将老教师都集中放在某个年级。某些学校有一批多年送毕业班的"专业户"，效果并不好。不可助长拆东墙补西墙的短视行为。调研发现，某些学校语文教学成绩多年落后，有多种原因，包括学科重视程度、课时分配、教师考核评价等。

也发现有的学校，老教师有较积极的带动作用。他们虽然精力不济，但是有责任心，关心爱护学生，能出成绩。这很难得。

青年教师年轻、有活力，接受新知识新事物快，有闯劲，创新意识、改革意识强烈，这是优势。但是如果不注重引导、保护和激励，在一个群体里面，也会很快蜕变、消沉。

青年教师是我们的生力军。近几年，各种院校、各种学科门类的大学生都汇聚到语文教师队伍中来了，青年教师数量剧增，成分复杂。我们不乏正派进取、爱岗敬业、认真负责的青年老师，但是也确实存在拈轻怕重、自私自利、遇事推托回避、不思进取等个别不良现象。

青年教师如何成长为骨干？从教的三五年之间，是青年教师快速成

长、定型的关键期。学校应负起引导、培养青年教师的责任,给青年教师指路子,压担子。树立学科榜样典型,营造健康向上的环境和氛围,促进青年教师尽快成长。

三、了解学情,加强自我认知

珍视每次监测,正视大数据,准确分析把握学情,找准自己的短板。每学期我们都集多县市教研联合体之力,花费不菲的人力物力组织阶段质量监测。在班级里面,老师做的分析是最有效的,是整个诊断评价全程落地的终端,也是能够有补救的最后环节。

否则,我们除了看看分数之外,还能干什么?

前段举行的毕业班复习研讨会,也是九年级最后一次教学活动,我们要求每位任课老师与学生做一次面对面的长谈。逐个和学生谈心,关心他们,爱护他们,激发他们学习的积极性;了解他们的学习态度、学习习惯、学习方法等,从而根据他们临近毕业时的心态进行相应辅导。

定期与学生家长、班主任联系,发挥班级教导会优势,形成合力,进一步了解学生的家庭、生活、思想、课堂等各方面的情况。这也是从非智力因素上,最后再推学生一把。

用好监测数据,发挥调控导向功能,对学生情况有客观正确的认识,不断校正教学目标和方法。

学生的分层是暂时的,他们的语文成绩不是一成不变的。语文教师要有一把钥匙开一把锁的办法,对每个学生有信心,因材施教,加强教育的针对性。

四、在教学常规管理上不含糊

学校要加强对语文教学常规的科学管理。常规管理是基础管理,也是过程管理。是粗线条、大而化之,还是特别重视对每个环节的全程关注?

每个学校做得都不一样。

备课。现在网络资源发达，怎样区别对待抄写教学设计？短时间炮制一份工工整整、漂漂亮亮的教学设计很容易。备课是简单照搬照抄，还是资源整合为我所用？应当有标准。

课堂教学。每节课能否上成精品课？学校有没有分层达标？有没有分期过关？每人每学期是否都能拿出一节优课？能上好一节课，就能上好每一节课。我们课堂特别讲究时效性。

作业布置，批改。个别教师叫苦连天，抱怨语文作业太多。有的教师连作业都不批改；有的教师批改作业，就是一个"阅"字，作文或者一个"A""A+"，简单了事，其效果可想而知。

堂清，周测，月结。不论什么规模的监测，题目命制、阅卷、讲评分析，每个环节都要耗费大量精力，马虎不得。经常听说有的教师当天检测，连夜批阅，不过夜，这是经验，也是教师敬业的表现。发现问题，纠错就得趁热打铁，冷下来，效果就差了。

课外阅读。重视教师的阅读，尤其是青年教师的榜样带动。语文教师应当是铁杆的阅读者，是阅读行动最坚强的推动者、引领者。

教学常规的每个细节做扎实了，良好的成绩的取得自然水到渠成。

第三章 行思散记

一堂好课须"五看"

近日举行了诸城市2020年青年教师优质课比赛,有16位语文教师同台竞技,阅读教学同课异构,展示了我市青年语文教师队伍的风采。赛事尘埃落定,不禁让人回顾反思,什么样的课才是好课?从哪些标准来观课、议课呢?以阅读教学为例,一堂好课,通常绕不过以下"五看":

一看文本处理。

文本的处理,应恰到好处。拿来一篇文章,即便不会教学,也要读一读。教参中关于文本的解析都有,这是现成的。单是这些还不够,只拿这些来教学,那么老师只是知识的搬运工,还需要教师深入理解,把握文本,并形成自己的见解。再付诸教学,不单要清楚文本里面写了什么,还要探究怎么写的,也就是上升到"用教材"的阶段。

一篇文章里面包含的内容,无边无沿,而一堂课要教清楚文章中都写了什么。据说当年北大著名学者马叙伦讲庄子,只一个《天下》篇,就讲了一个学期也没结束,马先生因此还得了个"马天下"的绰号。那内容之丰富,知识量之博大,超乎想象。阅读教学也是这样,抽茧剥笋地顺着一个个枝节讲开去,怕是没有结束的时候。

所以,教读文章,自己先弄明白了,知道到底要教给学生什么。只有这样,你才知道,哪些要讲,哪些该略掉。课堂上,我们往往看见教师什么都想教,却什么也弄不透彻,往往塞得课堂很满,师生都很累。

貌似收获很多，实则浮泛寥寥。有老师问："九年级时间太紧，舍弃几篇课文不教，行不行？"行！全部舍弃都不碍事。你不用这个，就用那个。以前多个版本并存的时候，教材阅读篇目多样化，一样教学，就不是"非此不可"。做习题不也是阅读分析，不也得阅读文章吗？文本不过是为提升语文素养而寻找的例子。这是关于教材的话题，就是看待课文文本这个"例子"的问题。高明的老师，驭繁为简，不在枝节无效的内容上兜圈子。用教材达成自己的教学目的，也就是超越文本的学科素养指向。

二看学生活动。

学生是课堂的主人，是学习的主体。学生的活动是课堂重要的组成部分，学生的表现推动着课堂的氛围，影响着课堂的效率。良好的课堂一定是让学生身心愉悦、精神放松的。

经常看见一些老师的课堂，一上来就弄得双方很紧张，学生噤口不言，老师越是着急，学生越是沉闷，大有黑云压城之感。我们都替老师捏一把汗：就这气氛，这堂课怕是效果一般了！分析导致这样的课堂氛围的原因，大致有三：一是缺乏互动，老师自说自话，不关注学生，学生没有被带动起来；二是内容枯燥，老师一厢情愿，不关注学情，老师讲的内容学生不感兴趣；三是老师缺乏亲和力，过于强势，束缚了学生的思维，也难以让课堂热起来。

好的课堂，一定有优质的活动，活动方式多样，师生之间、生生之间、师生与文本之间，不断产生多维互动，学生如鱼得水，思维活跃，发言积极。如果说以前我们多关注老师的表现，那么现在更多的眼光是投放在学生身上。毕竟课堂不是老师的独角戏，课堂成败的"宝"应该押在学生的表现上。

三看教师素质。

先进的教育理念、过硬的教学基本功、高超的教学艺术，这是优秀教师的"吉祥三宝"。教师表现也是课堂的主要看点。如漂亮工整的板书、规范标准的普通话、和蔼得体的教态，都会落在学生的眼里，印在学生的心里，并成为学生模仿学习的对象。

教学首先是一门技术，但是课堂不应停留于技术操作的层面，随着教师教学经验的积累，业务水平的进步，一定要上升到艺术的境界。如同"十九年而刀刃若新发于硎"的庖丁，通过不断历练，以至得心应手，游刃有余。只有这样，才会时时产生教学艺术的美感，才会使教学行为成为一种更高层次的绚烂美好的精神活动。

沉淀在学生生命中的那些愉悦的学习经历，以及难忘的课堂片段记忆，往往都是与优秀的教师个体素质紧紧联系在一起的。抽离了优秀教师的执导，课堂是乏味的，也是缺少灵魂的。事过多年，对那些平庸的课堂，学生往往忘记了学习了什么，而且他们都有一个共同的特点，就是首先忘记了教过自己的老师名字，老师的形象也早已模糊不清了。

四看教学效果。

就是看学生的收获到底有多少。一堂课最终还是要落脚在学生实际收获上。识字、阅读、写作这些方面是否扎实？是否有新生成？课堂上有没有高品质的思维训练？学生在思想、情感、价值观方面是不是有所感动或领悟？……这些都可纳入教学成效的考查范畴。

当然，课堂效果也需要辩证看待，想用一纸小卷测试一下的做法还是低级的简单手段。有一些课堂生成的结果，是试卷检测不出来的。譬如心弦轻轻的震颤、如坐春风的聆听、酣畅淋漓的阅读、灵机一动的豁然开朗、脱胎换骨式的情感洗礼等等，这些恐怕不是一两道题目可以考查出来的。

一站式的听说读写，逐一做来固然好；一课一得式的在某一两处深入下去，也很好。热热闹闹的激烈辩论当然好，安安静静的默读、书写也不错。满教室是学生为主角的唱念做打全武行，听完课也不辨老师到底在何处，的确很活泼；教师口若悬河一讲到底，而学生听得入神入迷、如痴如醉，也坏不到哪里去……着眼于以学生是否学有所得为标准衡量课堂优劣，一切形式凡有存在理由，皆是好的。

据说某老师执教公开课，上来只布置学生阅读课文，一节课全是学生书声琅琅。下课铃响，老师视听课人如无物，扬长而去……令人咋舌之余，又暗暗击节叫好：这不是魏晋风度嘛！读书就是教学本身，痛痛快快地读一回就挺实在的。

五看创新之处。

《论语》中孔子阐述自己"述而不作"，就是说自己只负责传播转达往圣先贤的主张，而不去刻意地创新。话是这样说，但是孔子的教育思想，却不断给后人以新的启迪，产生新的理论。这也是教育的秘密，老旧的内容，传统的形式，却能时时给人老树新芽的感发和激动。这也是教学之所以一直具有艺术活力的特点。

语文课堂也是这样，时时呼唤新人耳目的元素和力量，不论是内容的，还是方式方法的。尤其是青年教师，在传承传统教育理论的同时，应有不断创新的活力和胆识。因为你年轻，有资本去探索，去尝试，甚至去犯错。爱因斯坦就说过，"一个从不犯错误的人，一定从来没有尝试过任何新鲜事物"。

课堂好比是一条河流，它是有生命、有活力的，它的流向也是变动不居的。有九曲宛转的地方，也有平坦舒缓的地方；有枯竭断流的季节，也有恣肆泛滥的季节……它会溢出河床甚至改道，这该怎么办？就随流赋形吧，让课堂行于当行，止于不可不止。别担心改变了方向，也不用担心更换了内容。对于这节课来说，这只是随机的小改变；对于学生一生的素养来说，是无伤大雅的小节点；而对于你整个专业成长来说，这是平坦道路的转折处，是有惊无险的历练，是教育智慧，或者也可以叫作"创新"的东西。

戏说"小组"

好像从上学开始，每个人都离不开"小组"这样一个单位。"组"是一种相对低级别的单元结构，如果排列的话，是处于学校、年级、班之下的最末一级组织。

本人上学的年代，老师是将纵向一列划分为一组的，一般六七人的样子，每个班有6个或8个组。这样的小组，通常设组长一名，负责管理全组同学做值日生，轮到所在小组值日当天，该组学生放学后留下来打扫卫生。组长的另一个职责是负责收作业，发作业一般是课代表的事，不劳组长插手。还有假期结成的学习小组，大家集合到某家，围着一张吃饭桌写作业。组员是同村或邻村的，不过三里方圆，聚集很方便。节假日的学习小组，同伴有问题可以讨论，好作业可以借阅传抄，就是聊聊天、玩玩"勾机"之类的游戏也很方便。有这样的小组，成员并不难挨苦闷。小组还有一个好处，那就是老师分派劳动任务的时候，某组扫院子，某组擦玻璃，某组运送垃圾……方便管理协调。

小组这么好的一种组织结构，学生的学习、生活、劳动甚至体育、游戏等都离不开。我们见识的"小组"结构形式，也是有变化的，不断与时俱进。特别以追求学习质量为目的的，衍生了一些不同的形式出来。

一种小组，用于合作学习。着眼学习的小组建设，4人、6人、8人不等。4人是前后座位的结合，前面的一回身，就跟后面的面对面，很方便地结合为一组。还有6人、8人的，要解除排排坐的传统形式，得拎着凳子，收拾书本，到指定地点集结。一堂课如果有一两回集合讨论，尚可支持。如果搞得太频繁，单这聚合解散的时间损耗，师生就会不胜其劳。这种组的结合是比较自由的，没有固定位置甚至坐姿，有不少学生还是站着的。因为要顺畅交流沟通，除了大声外，就是尽量缩短人和人之间的距离。见识过有的课堂一开始小组讨论，就像开了锅，整个场地里的学生们一伙一簇地便投入辩驳。有的学科还要大量演算，大大小小一圈就着黑板表演，进行小组教学，可以想象其热闹的场景。

在分组人员的结合上，有异质差等，各种层次的都有，并以字母或数字内部编定类别，方便某些问题由哪种组员来参与，实行同伴互助等。这是大破大立的一种创举，以离开讲台、重组座席、四壁悬以黑板为主要外显特征。

这种形式兴起之后，很快便风靡大江南北。当然，教师也是结合当地实情，极尽巧思，有的觉得课堂太过开放的，还是有所保留，开发出C形、E形、H形等种种座次图谱。有时走进一间教室，会发现学生至少有四种座位朝向。如果教师要集中讲一下，正面对着老师的没问题，侧坐的就要歪头，背对的一批就得或扭身或不扭身。不扭身的，这譬如早年农村看电影，来晚的那伙，硬进不到观众席里，将就看个反面吧。看那字是反的，跟"手戳"上的字一样，让人根本猜不出个子丑寅卯来。人物拿筷子、拿笔，都是反的。拿筷子使左手还可原谅的话，执笔也用左手，显得怪怪的，这就是幕布的不对了……要多别扭有多别扭。看一晚上电影，能挣一肚子气。就是那些天天向右看齐、向左看齐的，时间长了也非把脖子弄出毛病来不可。

只要不跟紧监督，慢慢就有回流倾向。先是暂时应对一下，听说上面有人来了，头天先把桌子拼起来，第二天到场的时候，桌子四脚印在地上的旧痕还在那呢，没清理干净。只是桌上撤下的一堆书没处放，就整整齐齐地码在各人脚底或墙根。后来看看有松动了，学校也懒得劳神应付了。百花齐放，百家争鸣，你管人家学校爱用什么方式教学呢。

这种形式难以为继，还有另外诸多原因，其中之一是评价出了问题。小组学习的评价单一机械，唯分是求，伤害了小组合作的初心。一节课老师只会拿着赋分的尺子不断地比量学习。个别老师兴之所至脱口而出的"给某人加1分""给某组加2分"，都显得简单粗暴，如同儿戏。还有场面火不火爆、情绪高不高昂，也是教师追求的标准。课堂渐渐失掉新鲜感，而跟不上规范科学的评价手段，使这种小组合作的路子越走越窄。

《学校会伤人》作者柯尔斯滕·奥尔森说得更好，在此引述如下："我们必须理解教育体系是如何把我们的学生弄得不愿意学习的，这些制度严重地抹平并低估了正在测试的东西的复杂性，代之而来的是纪律和惩戒意识，这把每个人导向到了没有批判意识的、不假思索的分数狂热和焦虑之中。我们不可能通过在学校里对学生采用驯服、束缚、使其麻木、过度干涉以及过度测验的方式，来使他们产生对学习的深深热爱，产生探究的渴望，或是产生持续和创造性的分析能力……"

后来，出现了一种同位结伴的组合，一对一的，是一种以好带差的友好结对。这类似传统手工时代的技术递相传承，师傅有责任带动徒弟的成长。据说效果还是不错的。

还有教室里搬进沙发、铺上软垫、放上抱枕的，营造一幕家庭式温馨画面，在此可坐可卧，可斜倚，可支颐，让大家可以放松地展开围炉夜话式的交流，也是一种新颖的尝试。

最近，我又看到一种国外引进的小组建设体制。在一个4人小组中（这个数目比较合理，不多不少），组员之间完全是对等的关系，甚至没有组长和组员的角色区分，包括参与的机会、发言的权利，都是平衡均等的，学习成绩、学习状态都是个人隐私，这里面包含了一些平等民主的思想。

以这种发展趋势，不妨大胆臆测一下。模仿农业生产劳动的发展模式，随着分田单干、互助组、合作社、人民公社的演变进程，下一步该是"大包干"，亦即学习是纯粹一个人的事。个体不再依靠形式上的群体，而是一种基于个体所需的学习。想象一下，就令人兴奋。譬如新冠肺炎疫情下的各种网络学习，我高兴和谁结伴，就和谁结伴；我乐意加入哪个团体，就加入哪个团体。一切的"组"的结构是松散的，随机的，乃至即时的。伴随个人发展提升的愿望，学习是个人的实际需要，那么同气相求，就会顺理成章地找到同伴，建立各种"学习共同体"，这当然是一种理想的境界，前提是学习者拥有高度的自觉性和自制力，"学习是我自家事"。

《礼记·学记》说："独学而无友，则孤陋而寡闻。"如果学习中单打独斗，缺乏学友之间的交流切磋，可能会导致知识狭隘，见识短浅。那么，到这个阶段是不是颠覆了老祖宗的论断？当然不是。互助合作貌似以一种个体形式呈现，而实则在万物互联互通的观念下，以规模更宏大的"小组"出现了，只是这个"小组"已经大得没有了边际。

以上赘述，无意冒犯各种模式、各路拓进的探索者和实验者，因为本人就是整日周旋于各色"小组"形式中的那一个。浮泛之言，故谓"戏说"。

说"微课"

"微课",顾名思义,就是"小课",这是相对于完整的一节课而言的一种课型,它的特点之一就是"小"。

一是时间短,如果说大课是四十五分钟,微课就是五六分钟、七八分钟,最长不超过二十分钟。二是容量小,内容集中,着眼于单个话题,一个微课只解决一两个小问题。三是功用巧,微课于细微之处下功夫,但是意义并不小,它讲究的是寸劲、巧劲,发挥着"四两拨千斤"的功效。所以微课往往关乎解决课堂教学问题甚至培育语文学科素养的大格局,承担着"钥匙"的功能。

微课还有另一个特点,它是教师预先录制好,并通过网络平台传播的。发布于网络平台,可以回放,不像现场直播一样需按时"追剧",非常便捷高效。尤其在新冠肺炎疫情期间,学生长时间耗在网上,于用眼卫生也不利。微课就显示出较大优势,很受师生欢迎。

录制微课,需注意以下几点:

一是备课要突出文本特质。以阅读教学为例,一篇课文要讲要学的东西肯定很多,有限的时间内,这一篇该学什么,不学什么,是很重要的。课文编排于此,编者意图何在?题材特征是什么?教学重点难点在哪里?学生要从中习得什么?……这些都需纳入教师备课视野,一一了解清楚,这就是诊断把握文本特质的过程。

如果限定五六分钟来指导学生学习这篇课文，把你最想讲的一点挑出来，这差不多就能圈定"微课"的内容了。

二是选点尽量要小。我们提倡围绕一个知识点来作课，时间就自然少了吗？其实不是。有的教师擅长铺陈描述，给他一个点，讲十分钟的是他，讲一个小时、半天的还是他。将话题切分得枝枝杈杈，旁逸斜出，搞得散漫庞杂。稍有不慎，仍然是讲了一篇大文章的规模，弄得收不拢。勉强做完，也只是浮泛浅薄，让人不得要领。所以缩小范围，具体而微，在点上着力，也是很考验人的。断其一指，不及其余，算是选点标准的一个描述吧。

三是注意多媒体课件的辅助作用。课件的作用在于提示、概括或呈现素材。讲课的框架、提纲、条目、要点等，可用课件展示出来，让学生一下子捕捉到梗概或精华。图表、稍长篇幅的文字素材等不需要教师陈述的内容，也可以借课件展示一下。课件的辅助作用，表现于视听的相互完善。好的课件制作需体现三个要求：简洁、实用；直观、醒目；美观、时尚。

四是行文、讲解口语化。备课后要形成脚本，也就是教师讲话的全部文字底稿。教师需弄清服务对象，你面对的是学生，是学生在场的虚拟场景。教学语言应该像在课堂上一样，真实、自然、放松、友好是最重要的。教师要以平实的语气语调说话，语速适中，做到字字句句清晰入耳。万不可煞有介事地做起演讲或报告来，那样就生硬了。

五是录制环境保持安静。录制完毕的"微课"背景应该是洁净清爽的。多媒体课件播放变换的音效不要，背景音乐尽量不要，甚至鼠标点击的声音、室外汽车跑过的声音，都不需要。老师习惯性的口头禅、"嗯嗯啊啊"的停顿等，统统不能有。录制的场所，学校录播教室是首选。

六是注意控制时长。限定六分钟适宜，长则七八分钟，最好不要超过十分钟。脚本以中等语速表达，录制出来的话，就是千字左右，不超过 1500 字。

  做微课要倾注大量精力，先期备课需进行搜集素材、参阅课例、查证文献等工作。我们当然追求的最终成品是一个精品，但是我们更重视活动的全过程，每一次参与都应该是一次历练成长。前期，部分老师积累了录制的一些经验，如声音可以单独录好，然后二次跟课件剪辑合成，这样可以保证音效等，这些可以等具体操作时分享交流。其他如硬件设施的要求、录屏软件甚至字库的选用等，均有明确规范，不再赘述。

竹头木屑无弃物

——兼谈阅读课素材的改造和应用

2020年2月17日上午，我们组织了青年教师课例线上打磨，事后布置了一项作业，要求与会人员在群内都提交一篇三五百字的书面点评。今晚翻阅各位小伙伴的帖子，大家围绕"平凡世界里的英雄梦想"这个主题进行组文阅读，就素材整合中引入《十五从军征》一诗，都提出了意见，不少老师认为这个整合不合适，意见呈一边倒的状态。

的确，昨天在线上点评时，本人也曾提到过这一点。《十五从军征》是一首乐府诗，写一个老兵少小离家，垂暮之年才得以返乡，主人公面对返乡途中与到家之后的种种场景，面对家破人亡、满目疮痍的情境，悲从中来，老泪纵横。诗歌揭露了战争的罪恶，控诉了兵役制度对劳动人民的奴役和对人性的损害，这属于反战题材。跟老师设计预定的整节课的基本调子不合，跟正能量的《木兰诗》不搭，跟忠孝爱国、家国情怀这些主题放不到一个筐里，合不拢。

但是现在，我要补充并修正一下自己的意见：阅读课中没有多余的素材，只是看你怎么用。

诗歌这种独特的文学体裁，以其语言凝练、丰富多义等特点，饶有意味，让人迷恋。道川禅师说，"法相非法相，开拳复成掌"，换一下角度，我们同样可以解读出作品的不同情趣来，就课内外两首诗歌的关系，可以尝试以下几种处理：

一种是并存。《木兰诗》和《十五从军征》两首诗歌有一个共同的大背景，就是战争。这是一个大类，归于同一战争题材的阅读整合，不论是男人的战争，还是女人参与的战争，实质都是一样残酷。相同题材背景，通识的并存——这也是语文新教材"1+X"拓展阅读理念最朴素的理由。

还有另一种：从属的关系。《木兰诗》中对于战争的残酷描写是略写手法，一带而过。诗中不过寥寥几笔："万里赴戎机，关山度若飞。朔气传金柝，寒光照铁衣。将军百战死，壮士十年归。"这里则可以把《十五从军征》作为其详细描写战争生活的一个分镜头：一个老兵踽踽独行，这是"将军百战死，壮士十年归"的战争孑遗。在此，《十五从军征》补充出现，则是合适的。《十五从军征》变成了《木兰诗》的一个枝节，这种整合，是处理为主从的关系、详略的关系的。

还有一种，是对比的关系。虽属一个背景，但故事结局完全不一样，人物有着截然相反的命运。《木兰诗》中木兰荣归故里，高官得做："赏赐百千强""木兰不用尚书郎"；骏马任骑："愿驰千里足，送儿还故乡"。结尾充溢着喜气洋洋，是一个大团圆的结局。《十五从军征》中的老军呢，戎马一生，归来却举目无亲，形影相吊，"泪落沾我衣"。

鲁迅先生说过，悲剧就是将人生的有价值的东西毁灭给人看。如果说《木兰诗》是一出喜剧，《十五从军征》则是一出悲剧，两相观照，对比鲜明。如果说《木兰诗》充盈着革命的浪漫主义精神，那么《十五从军征》就是彻头彻尾地表现了悲怆的现实主义情怀，所以，表现手法上也是较好的对比。这种整合，就是出于对比、反衬的目的。

另有一种关系，是寻求其融合处。战争题材是多样的，在文学作品里可以有不一样的笔调："瀚海阑干百丈冰"，写的是奇伟；"笑谈渴饮匈奴血"，写的是刚烈；"黄沙百战穿金甲"，写的是雄浑；"犹是春闺梦里人"，写的是悲壮……给读者呈现的是不一样的美。

战争题材自古以来就是文学作品的主要内容，如《诗经·小雅·采薇》中就有："昔我往矣，杨柳依依；今我来思，雨雪霏霏。行道迟迟，载渴载饥。我心伤悲，莫知我哀！""宁为太平犬，莫作乱离人"，我们珍惜和平，从情感上是讨厌战争，反对战争的。但是战争相伴整个人类历史，又是不争的事实。那么，是不是借此来一回有关战争的教育？非常有必要！

我们不好战，但是我们也不怕战。当外敌入侵、国难当头时，我们也会像《木兰诗》中的人物一样，不分男女老幼，共赴国难，抗击外侮。如果结合当前抗击新冠肺炎疫情这场"战疫"，结合医护人员、部队官兵等各行各业的人众志成城、共克时艰的故事，还能实现激发爱国心、使人淬火成长的教学目标。那么，这种整合就不仅仅是《木兰诗》《十五从军征》多样题材的切换，还兼具战争与和平的深度反思、爱国情感的顺势升华的特点，表现出一种多素材错综纷纭的交叉融合关系。

以上几种素材的整合，因不同的用途，呈现出并列、包含、对比、交叉等不同的关系，给有心人留下了宽阔的创造空间。

《世说新语》中记载陶侃一则小故事："作荆州时，敕船官悉录锯木屑，不限多少。咸不解此意。后正会，值积雪始晴，听事前除雪后犹湿，于是悉用木屑覆之，都无所妨。官用竹，皆令录厚头，积之如山。后桓宣武伐蜀，装船悉以作钉。"木屑、竹头这些别人要扔掉的下脚料，陶侃像宝贝一样收集起来，到了生活、战事的关键时刻派上用场，成为应急之物。这是说陶侃善用竹头、木屑，眼中无弃物。

其实，这个道理，老子早就说过："常善救物，故无弃物。"如果我们也学到这种"袭明"的功夫，眼中事事物物都放到平等的天平上来，抛弃非黑即白的成见，发掘其优势，还原其面目，"江北成枳江南橘，春来都放一般花"，当然就没有多余无用的素材了。

打开一本日记本

叶圣陶先生在《大力研究语文教学 尽快改进语文教学》中提出:"我只觉得这样的习惯假如能够养成,命题作文的办法似乎就可以废止,教师只要随时抽看学生的日记本或笔记本,给他们一些必要的指点就可以了。"

日记有这么好的功效!但是,学生写日记不能持久,这是让教师头痛的事情。有时一个阶段教师跟得紧,要求得严,学生能坚持一阵子;但是时间长了,一旦缺乏监督评价,就很容易松懈下来。给学生设计一款漂亮的日记本,能否加一层保障措施呢?

著名特级教师程韶荣,他在带领学生走进日记乐园的路上,有一个很成功的做法,就是用美化日记本的办法,提升学生的兴趣。他提倡学生尽量购买精美的日记本,然后给日记本命名,如《奋飞集》《启航集》《绿窗集》等。日记本的扉页上,还要写上勉励自己长期写日记的名言警句,第一页写"自序",一本用完还要写"后记"。学生对此是非常认真的,也是兴致勃勃的。

受此启发,为保障初中生日记写作的效果,我们拟开发一款"365日记本",用于初中生日常写作。

这款日记本最大的特点,是配合统编教材为不同年级的学生量身定做。面向每个不同年级的学生,定制不同款式和内容的本子。其中,与普通日记本最大的不同,是每天增加一小段精要文字,配合统编教材内容分单元按日期开发的日记课程，点明每天写作的方向或范围，将学生每天写作内容规范化，这样也能根治学生不知写什么或记流水账的弊病。

这个改版，只是在当前学生使用的日记本上加厚了一点，增加了部分提示文字。日记本可满足一年写作页码的需求量。当前本市学生统配的日记本，只是作文本的换名，只有40页，书写量大的学生一学期根本不够用。

这一款日记本，首先外观要漂亮，设计要时尚。封面活泼，体现初中生青春气息，让学生一见就爱不释手。

内容设计，也是最具特色的方面，与统编教材同步。从当天的语文学习中找到训练点，不在多，一点即可，一课一得。如景物描写、细节描写、人物肖像描写等训练点。根据教学进度，分散到不同的时段。

目前，我们已经组织了部分语文骨干教师，成立了开发统编教材配套日记课程团队。内容不光包含教材提示的内容，假期也予以逐周分配。

以下是七年级上册第一单元的规划：

七年级上册第一单元

主题	课题	练习目标	参考题目	方法指导	练习时间
四季美景	1.《春》	生动的见闻描写或心情变化描写	刚上初中，来到新校园，走进新教室，见到新老师，结识新同学，就像春天带来崭新的希望，你一定有许多新的见闻、感受和想法吧？请拿起笔，把它写下来。 1. 初中，我来了； 2. 我是中学生了，感觉真棒； 3. 我的新同桌真_____； 4. 开学啦！	1. 见闻、感受和想法可能很多，建议围绕自己印象最深的一点来写； 2. 要按照一定顺序写； 3. 要注意景物描写和动作语言等人物描写的结合； 4. 格式正确，情感真实，文从字顺，这是初中日记的基本要求。	2019.9.2 — 2019.9.4
		生动的景物描写	_____里有这么一个有趣的地方（小区、公园、校园、街角、景区等）	1. 精细观察，抓住景物特征描写； 2. 注意学会运用比喻、拟人、排比等多种修辞手法。	2019.9.5

（续表）

主题	课题	练习目标	参考题目	方法指导	练习时间
四季美景	2.《济南的冬天》	生动的景物（变化）描写	九月份，由夏入秋，天气转凉，昼夜温差增大，自然景物、人们的穿戴等方面也相应发生了许多变化。你注意到了吗？到生活中去细心观察、体验，选取一个场景，写一段文字，描述这些变化。别忘了取一个别致的题目哦！	1.注意"九月份"这个特定的时节，写出由夏入秋的各种变化，要写得具体明确，比如你感受到"秋高气爽"，就要用特定的景物把这个感觉描绘出来；2.写景应渗透人物的感情，你应该会使用对比这种手法吧！	2019.9.6
		场景或细节描写	这是初中生活的第一个双休日，应该有纪念意义吧。下面这些场景和细节，你是否注意到了？妈妈是如何在忙忙碌碌中度过一天的？爸爸每天回家的第一件事是做什么？这个双休，你是怎么度过的呢？和小学时有什么不同吗？请写下来哦。1.初中的第一个双休日；2.双休日，我来了！	1.修辞方法要继续使用，它会让你的文章增色不少；2.注意心理活动描写，当然离不开写事，也可以结合动作、神态、景物等描写来表现心理活动。	2019.9.7—2019.9.8
	节日文化——教师节	选择典型事件，真实地表达情感	1.那些年，教过我的老师；2.你好，新老师；3.师恩，真的难忘。	1.了解节日的由来；2.选择生活中一件到两件受到老师帮助或感动的典型事例；3.学会感受日常真实生活之美、人情之美。	2019.9.9—2019.9.10
	3.《雨的四季》	细致地描写景物	听，_____的声音（花开、细雨、落雪、秋夜、乡村……）	1.须用心体悟，调动多种感官，学会从嗅觉、听觉、视觉等不同角度来描写景物特点；2.斟酌的动词和形容词的使用；3.运用多种修辞手法；4.写出景物的层次——时间顺序、空间顺序、整体到局部的顺序。	2019.9.11

（续表）

主题	课题	练习目标	参考题目	方法指导	练习时间
四季美景	4.《古代诗歌四首》	欣赏中秋诗词，感悟传统文化	1.又是一年中秋到； 2.险韵诗成，中秋月明。	1.将中秋诗词和人物的心情结合起来，诗情相称； 2.从细微处体悟传统节日的风俗及文化。	2019.9.12 — 2019.9.13
		知人论世，体悟胸襟气魄	1.带你认识不一样的曹操； 2.那个"李花怒放一树白"的"诗仙"； 3."曲状元"马致远。	1.介绍四位名人的一个或几个故事（可查找相关资料），表明自己喜欢他的原因； 2.叙议结合，加入自己的理解和评论。	2019.9.14 — 2019.9.15
		学会想象，细致描写景物	1.四言古诗《观沧海》质朴刚健、音调铿锵，请运用想象，描写诗人登山临海的情景； 2.想象"潮平两岸阔，风正一帆悬"给我们描绘了一幅怎样的画面； 3.身处《天净沙·秋思》的画面中，此情此景，你会有什么感受？	1.想象要合理，要有对人物的描写； 2.主要运用记叙抒情的表达方式； 3.斟酌动词和形容词的使用； 4.运用多种修辞手法。	2019.9.16
	名著阅读《朝花夕拾》	挖掘梳理资料，开阔学生视野	1.遇见鲜活的鲁迅； 2.给你一个真实的大师； 3.从《朝花夕拾》看鲁迅。	1.介绍鲁迅的主要事迹（可从《朝花夕拾》中选取材料）； 2.表明自己喜欢他的原因； 3.表达自己的敬仰、钦佩之情（要结合具体事例，不要空洞无物）。	2019.9.17
		结合现实，梳理阅读过的内容与感受	1.勿忘"九一八"（结合九一八事变国耻日，细读《藤野先生》一文）； 2.我和父母的冲突（结合《五猖会》，看应该如何解决和父母的冲突）。	1.写出自己的真实感受； 2.注意要整合材料，学会概括； 3.要有具体的描述和适当的议论抒情。	2019.9.18

（续表）

主题	课题	练习目标	参考题目	方法指导	练习时间
四季美景		梳理阅读的内容与感受，学写读后感	重提旧事，感悟花开（《朝花夕拾》读后感）	1. 写出自己的真实感受； 2. 注意要整合材料，学会概括； 3. 要有具体的描述和适当的议论抒情，要做到叙议结合。	2019.9.19
		消化并融合阅读材料	我最喜欢的一篇文章（一个人物）	1. 从《朝花夕拾》中选取材料； 2. 主观感受与客观材料相结合，叙议得当； 3. 要有自己独特的体悟和见解。	2019.9.20

当然，这些只是大致的规划指导。给予题目或话题，只是引领，并不画地为牢，非写这个不可。我们更提倡学生自拟题目，自选内容，自由写作，这些都在设计中留有较大的空间。

日记写作离不开教师的陪伴，教学相长。我们同时提倡教师下水，与学生一起写作。苏联教育家苏霍姆林斯基《给教师的建议》中指出："我建议每一位教师都来写教育日记。……那种连续记了十年、二十年甚至三十年的教师日记，是一笔巨大的财富。"魏书生老师在《班主任工作漫谈》中也说："十多年来，我外出作报告，大会上我不止400次地向青年教师真心诚意地建议：坚持每天写日记。散了会，和老师们座谈，我又常常不厌其烦地建议青年人写日记。"

打开一款新日记本，开启一段崭新的书写之旅。这款日记本，还是一种理想的状态，处在描绘蓝图的阶段。如果真的开发出来，那么不写一写，也就对不住这么漂亮的本子了。

初中生的案头必备

2020年2月26日,我们来到新学期开学后常规教学视导活动第一站——高新园的青潍中学。

学校门口东向,越过原野麦田远望,东南方就是美丽的卢山和障日山,苏轼诗云"莫教名障日,唤作小峨眉"的所在。泸河从学校门前潺潺流过,蜿蜒向西北,在城北汇入潍河。两座桥横跨在河上,一座是密州东路的新桥,一座是通向王门社区的老桥。古桥栏杆上是醒目的"绿水青山就是金山银山"的标语。学校大门位置,正对两桥之间,也算"一水澄明镜,双桥落彩虹"的奇景。学校大门口垛柱和教学楼的门、玻璃上贴着春联,长长短短,在其他学校并不多见,内容也是从全校教师中征集的,由本校教师书写,新鲜喜庆,还带着浓郁的年味儿。

还有一周时间才到惊蛰时节,现在看到的还是北方村野特有的通透、空阔,感受到的还是早春的萧疏和冷峭。青山绿水,麦苗青青,砖红色系的数排楼房矗立在绿色中,颇添了一分夺目和热闹。

我先到的是C401室,贺春蕾老师的班。贺老师是2019年9月份新学期刚刚从箭口初中招聘过来的新教师,一同补充进来的还有其他学校的几位教师。学科教室也是办公室,教师就在教室后头办公。因为是走班制,我刚到时,教室里没有学生,只教师一个人在。这一节是文言文教学,是《核舟记》,上课前,教师有足够时间先将全文抄写在黑板上,板书写得工整娟秀。下课后,我与贺老师进行交谈,聊及来到新校后的一些情况，如常规建设、班级组成、学校管理等等。问到学生情况，得知所教班级较突出，在本级部排第一二名的样子。这样的成绩真不错！

问及学生是否有工具书，回答多数有，个别学生没有。因为我看见工具书是整齐地码在黑板旁的书橱中，学生坐在座位上，取用并不方便。一堂课下来，学生也根本没有用到这些。老师说学生走班，每节课辗转在不同的教室，不方便随身携带，就放在书橱里了。

我的建议是，每人都应该买两本工具书：一本《汉语成语词典》，一本《古代汉语字典》。这是学习语文的案头必备工具。原因约有三点：

一是利于学生养成自学的好习惯。学生时时需要查阅，字典放在手边，可以随时取用。语文学习强调日常积累，查个字，查个读音，查个解释，时时要用到字典、词典。譬如受当地方言影响，好多字的读音跟普通话出入太大，调号不准的现象比比皆是，考试时这些纰漏就暴露无遗，读音的问题一直困扰着不少学生，让教师也头疼不已。识字、拼音掌握不牢，就需要经常地翻检一下字典，确认一下。过程也不过随手一翻，看一眼而已。再如文言文学习，每个字句都值得玩味咀嚼，更离不开《古代汉语字典》。学习语言的大多问题，无须别求，字典可以给予最便捷、最准确、最规范的解释。语文基础的知识，就是这样在一点一滴中积累起来的。我们提倡培养学生自主学习能力，而勤查字典，就是自学的一项好习惯。

二是查阅工具书的过程就是学习语文的过程。校正一个读音，认识一个汉字，弄通一个词语……查阅的过程，就是学习的过程。字典最大的优势是，字不离词，词不离句，句不离章。你查阅一个字的读音，连带字的意思、出处、词组、成语、用法等一系列的语文知识，都悉数开列，你可以挨行地一路读下去。真的是问一知十，举一反三。打开字典这一扇小窗子，本想收获一缕春风，它能给你的却是整个春天。

三是一次投资，长期受用。这两种字典，应该是每个学生的标配。而且工具书的使用期较长，现在可以用，以后也可以用；自己可以用，子孙后代也可以用。所以，不要吝惜对这类工具书的投资，应该全都买上。

好的课堂是有"气"的

2019年9月24日，下午。诸城实验中学初中部。

第二节课，听一位老师讲《与朱元思书》。这位老师开始以一段激情导语开头，一番华丽铺陈之后，话锋突然一转：大家拿出学案，解决以下问题。学案上是密密麻麻的文言文知识，包括生字注音、文学常识、实词虚词、词类活用、特殊句式等等。于是，学生就埋头做起题来，教室里响起一片唰唰声……做得差不多了，老师就讲评，这样足足进行了三十分钟，然后再开始下一个环节，进入文本阅读。不一会儿，就下课了。

这位老师的思路，是比较明晰的，将课堂一截为二：前半部分是偏于语用，即"语文要素"的学习；后半部分偏于文章内容、思想、情感的赏读，即"人文主题"的落实。

本人以为，一篇典范的山水散文，没怎么好好读读，就草草收场，如此泾渭分明的板块处理，还是简单化了。

尤其老师感情饱满的开场，那是精心准备的一段美文，真是闻者动容，大家屏息凝神，等待开启山水之旅的时候，却被扭身带入了一条艰涩的羊肠小道——专心致志做起题来。一群人本来光亮的眼神霎时飘过一团黑云，个个嗒然若丧，不禁令人仰天长嘘。

这如同大课间活动，老师要组织个赛跑的项目，大伙都做好了热身运动，各就各位了，也都摆好了姿势，如箭在弦上。老师也拿起哨子，正待吹响的当口，猛然想起一个事来："哎！张三，还有两个铅球在办公室里,你去拿来。"等张三拿来铅球,人家都跑完了。自家再进入跑道,也没了那个氛围,早冷了那份热情。

课堂亦是如此,大家跌跌撞撞地走出山谷,这旅行也快结束了。要问他看到什么好景致了,他可能会说:不知道啊,光顾脚底下了。

课堂流程,我觉得应该也是有"气"的,这是一股元气、一腔生气,寻之不见,扪之不得,但它的确存在,充盈其间,贯串始终。好的课堂气韵生动,自然和谐,血脉流畅,生机勃勃;次的课堂凝滞晦涩,一板一块,拖拽不动,死气沉沉。

苏轼讲自己的写作经验时,这么描述过:"如万斛泉源,不择地皆可出,在平地滔滔汩汩,虽一日千里无难。及其与山石曲折,随物赋形,而不可知也。所可知者,常行于所当行,常止于不可不止。"课堂何尝不是如此?"行于当行,止于当止""疏可走马,密不透风",真的是大有讲究的。

经常看到这样的课堂情景,明明可以顺势进入的环节,老师偏偏来个脱轨打断,不是插个常识,就是安排个活动。虚晃一枪,枝蔓丛生,将一个好端端的连贯环节,弄得支离破碎,大煞风景。

我们欣赏那些行云流水的课堂,有"从流飘荡,任意东西"的美感,能得到心神俱畅的享受。若忽视上下贯通,板块累积如码砖,环节推进如排牙,效果往往适得其反。

统编教材编排的特点不是"双线并行"吗?在这节课里,强调阅读文本,会不会削弱对语文知识的关照?当然不会!课堂所见,其实还是在考试的驱动下,教师过于关注应试训练,顾此失彼,手脚不敢放开所致。

"双线并行",并非"双线平行",语文要素、人文主题就像一根绳的两股,它们是互相缠绕交织,合二为一的。进行文本阅读的过程中,不可能回避文言文知识,而在语境中的随文学习,更活泼,也更容易掌握。所谓"搂草打兔子",两不耽误,说的也是这个意思。

好的课堂是有"气"的,我们应学会培养这种"气",让其沛然而行,防止上"气"不接下"气"。

不只是在教一篇课文

以前的语文教学，只要一册在手，便可万事无忧。资讯匮乏的年代，大家手头只有一本教材，讲的人和听的人掌握的信息不对等：学生脑袋空空，内存匮乏；教师是有经验、有知识的厉害角色。阅读教学完全依靠授受式，知识全来自教师的讲解。学生瞪着求知若渴的大眼睛，个个听得津津有味。即使教师照本宣科，听者也觉得新鲜得不得了，至于忘怀处，甚而抓耳挠腮，如痴如醉。

现在的课堂则不同了。如果仅凭一本教材，就很难应付下来。当前信息时代，知识爆炸，人被淹没在信息的海洋里。对于文本内容及相关知识，学生了解得并不少，稍加用心的学生，自己读一读，也就掌握得差不多了。针对阅读教学，教师如果仅靠炒冷饭，就很难引起学生的兴趣。

譬如《背影》一文，短短千把字的小文，作者竟然流了四次眼泪，而多数读者阅读数遍，竟洒不出一滴同情泪，还认为未免矫情了些。

《背影》写的是发生在1917年的事，但文章写于1925年。大家读不懂的一个原因，是不知文字背后到底发生了什么。阅读只是浮在文字表面，没有深入文本里。

文章开头写道：

我与父亲不相见已二年余了，我最不能忘记的是他的背影。

那年冬天，祖母死了，父亲的差使也交卸了，正是祸不单行的日子。

我从北京到徐州,打算跟着父亲奔丧回家。到徐州见着父亲,看见满院狼藉的东西,又想起祖母,不禁簌簌地流下眼泪……

朱自清父亲朱鸿钧是一名旧式官僚,在徐州做到"烟酒公卖局长"的职位,虽然官阶不高,但也是肥缺。旧式官僚有的嗜好,他全有,喜欢讲排场,吃馆子,先后娶了好几房姨太太。但是好景不长,很快被革职了。

朱父封建思想严重,有着浓重的封建家长做派。朱自清到作为"五四运动"发源地的北京大学读书,受猛烈抨击封建"纲常伦理"的思潮影响,自然鄙弃封建专制和封建伦理,接受了争取人格独立解放的新思想。新旧思想不可避免地发生激烈交锋,由此,父子逐渐产生矛盾。

这里提到:那年冬天,父亲失业,——家里的经济来源断绝了;祖母死了,——家里的精神支柱垮塌了。家计窘迫,自己还在读书,对朱自清个人来讲,内外煎熬,正处于惆怅苦闷、无所依傍的境地,这才有"不禁簌簌地流下眼泪",——这是一把苦诉无门、哀伤自悼的泪。

写买橘子的片段:

这时我看见他的背影,我的泪很快地流下来了。我赶紧拭干了泪,怕他看见,也怕别人看见……

在这段经典描写中,"我"看见了一个手脚日渐笨重,但还在顽强挣扎的背影。父亲买橘子这一爱的表达,触动了"我"坚硬的内心,刚刚还是"觉他说话不大漂亮""暗笑他的迂",至此已荡然无存。随着理智失守,情感瞬间决堤爆发……对于这个情节,弟弟朱国华曾说:"文中所记买橘子等细节,令每个读者都难以忘怀,对于我来说,就更理解其深意了。在过去的日子里,不要说几个橘子,就是金橘子、银橘子也不稀罕。然而,此时的父亲已是负债累累,囊空如洗,这一堆朱红的橘子便不同寻常了。"

但其时作者年少轻狂,心高气傲,不肯轻易低头,内心的倔强还是占了上风，才有了"赶紧拭干了泪，怕他看见，也怕别人看见"的举动。而这种反常表现，也是一直为读者所疑惑的。那么，这时的泪，就是一种故作坚强、压抑情感的泪。

接下来，父亲买橘子回来，明明非常艰辛，"先将橘子散放在地上，自己慢慢爬下，再抱起橘子走"。这早已不再矫健的身手，毫无遗漏，完全落在了儿子的眼里，甚至"扑扑衣上的泥土，心里很轻松似的"，这不也是正在走向衰老的父亲在儿子面前故作达观的一种表现吗？

等他的背影混入来来往往的人里，再找不着了，我便进来坐下，我的眼泪又来了。

当父亲远去，做儿子的不必再端着这种面对父亲的优势感，当放下所有的矜持，亲情再次回升，又回到父子关系的本真，不用再顾忌谁人看见，真情再度自然流露，这时的泪，就是一种无须含蓄、恣意宣泄的泪。

对于父子二人后来产生的矛盾，朱自清本是想缓和的，但是其父亲没有接纳。1922年暑假，朱自清带着妻儿回扬州，但父亲不准朱自清一家进家门，朱自清悻悻离去。1923年暑假，朱自清虽又回家一次，但与父亲的关系仍未好转。这以后，父子之间的裂痕竟越来越深。

一直到1925年，当"我"读到父亲的来信，特别是父亲发出"大约大去之期不远矣"的末路哀音，纵是铁石心肠也会被感化。弟弟朱国华《朱自清与〈背影〉》一文中记载："父亲尽了最大的努力，非常体面地为自清筹办了婚事并送他上北京大学读书。自清离别新婚的妻子和年迈的父母独自北上，这以后不久，父亲的公卖局长职交卸了，他老人家特地关照我：不要写信把这些琐事告诉大哥，以免他学习分心。"这些事情，都是在事过境迁之后才知道的。"近几年"，就是父亲去世前的几年，也就是写这篇文章的时候，朱自清早已不是那个愣头小伙子，也足以能用一种老到成熟的眼光来重新打量和判断父亲，磨去了浅薄和无知后，父亲的舐犊深情可以理解，父亲的错误可以原谅，父亲的内心世界可以认识……而自己，这时只有深深的抱憾和愧疚。血毕竟浓于水，朱自清自己说："当时读了父亲的信，真是泪如泉涌。我父亲待我的许多好处……跟在眼前一般无二。"那么，文章最后的这次流泪，就是一种真情难抑、悔愧交加的泪。

看看，教读一篇文章，如果没有背景材料的支撑，没有对这些素材的玩索，想从有限的字里行间读出点儿真味来，真不那么容易。孙绍振在《经典文本的深层结构》中说："经典总是历史的，理解经典文本，有一个基本要求，就是回到历史的语境中去。不回到朱自清所处的历史语境，就不能理解他为什么被父亲爬月台的姿态感动。"

这样，我们就不必惊讶有的名师为了上好一堂课，明明是千把字的一篇课文，课前却要阅读上万字甚至数十万字的资料，摘抄整理的各类笔记、素材，有超过最终教案数倍的页码。即便对于朱自清本人的评价，如果我们借助《1948：天地玄黄》（钱理群）里的这段文字，更能直观地说明朱自清及其《背影》在当时中小学生心目中的地位——

这是一个普通的中学国文教员的永恒记忆：1948年8月13日，走出家门，就看见一群小学生在争着抢着地看一张当天的报纸，其中一个惊慌地喊道："老师，作《背影》的朱自清先生昨天死了！"看到孩子们那种怆惶悲戚的神情，不禁无言地流下泪来。

为师者教读一篇文章，哪里是对一篇文章的单篇教学。我们面对的明明是一个以此文为索引的庞大的文学宝藏。学好任何一篇小文章，都得有一个大大的行囊提着，须如前人所说的那样——"上穷碧落下黄泉，动手动脚找材料"，着实下一番"爬梳剔抉，参互考寻"的苦功夫才行呢。

要珍视与学生的个别谈话

课堂教学中，经常看到这样的情景：老师走近一个学生，小声询问某个问题，接着与此学生嘀嘀咕咕，"咬起耳朵"来，并且使劲地压低声音，生怕惊动了其他学生。在今天的课堂中，也出现了这么一幕，老师有几回巡视，走到学生中来，跟个别学生也有几次接触交谈，交谈时音量很低，虽然老师还带着一个便携式小扩音器（不少老师都有这种装备，既可将声音放大，又很省力，价格也不贵），只听到喊喊喳喳的一片噪音，具体谈的什么内容，听不明白。

即使身边的同伴，前后位的同学，伸长了脖子，支棱起耳朵，想偷听一下，大约也不得要领。

课堂上教师跟学生个别交流，有时搞得很私密、很专享，好像特别的爱献给特别的你。这"小灶"开得不禁让人眼红，令人起疑。

简单化的个别交流，因为教师注意力的转移，往往忽略、遗忘了其他学生的存在。

本人以为，个人的也是全体的。老师这样一对一地交流，将课堂变成了个别辅导，浪费了课堂资源，大可不必。学生一个人的问题，有时也是其他多个学生的问题，可能带有很大的普遍意义。因为很多时候，是老师将在某一个学生身上发现的某种问题，又如此这般地重新强调了一遍。

既然如此，课堂上也就没有什么值得私密交流的话题，那就开诚布公地交谈好了。

这样，教师不如在和某生个别交流的时候，就提高嗓门，将其变成一种大庭广众之下的个体交流展示。

与学生的个别交流，是很值得珍视的。个别交流，是随机的取样，往往有积极的普遍意义，可以让教师准确地判断学情，因应制订适切的教学策略。如果再进行一番深度交流，那就是一段极好的教学过程。个别教学过程，不恰恰是给全体同学演示的最佳机会吗？

有经验的老师，在当众的个别交流中，还会突然地向就近一个听得津津有味的学生发问：你说呢？或者向角落中某个目光游移、正要走神的学生发难：请某某起来说说看！这些做法都在说明，貌似是个别教学，实则教师眼观六路，耳听八方，面向全体，眼里始终装着全体学生。若有人以为老师忙着个别交流了，不会关注我，想趁机放松一下，门儿都没有！大家的视线都在焦点上，都围绕着师生对答转，根本没有分心的机会。

当众的个别交流，理直气壮，明明白白，一览无余。一者省时高效，二者群疑冰释，有这等好处，何乐而不为？

当然，这并不意味着拒斥个别教学，个别辅导。譬如当前流行的为每个学生量身定做的教育，就不在此讨论之列。这样表达的意思，只是强调教师在做着样本切片研究的时候，心中不忘是为着肌体整体系统的健康而已。

作者笔下的小生灵

——关于《猫》的再解读

郑振铎的散文《猫》，写了三只猫的不同命运：前两只因为活泼而可爱，大家很喜欢；第三只大家都不喜欢。"我"因视第三只为偷食芙蓉鸟的罪犯而痛下狠手，后来发现可能错怪它了，"我"产生了深深的愧疚，直到猫死在邻家的房脊上，自此，永不养猫。

这篇文章表达的是人与动物相处的一个话题。细读此文，发现作者在其中表达的，仅是思想情感的一个侧面。

"我心里也感着一缕的酸辛，可怜这两月来相伴的小侣！"——这是"我"的同情心吗？

"自此，我家好久不养猫。"——这是"我"良心发现，内心自责吗？

"自此，我家永不养猫。"——这是"我"心灵的自我救赎吗？

好像还不够！

如果有平等心的话，民胞物与，万物一体，人和动物，作为世间的生命体，都应当是平等的。

而文章中，字里行间，有平等的多方失衡，表现出处处的不平等。摘录出来，大体有以下几处：

第一是对"猫"的不平等。三只小猫，因其外观、性情等不同，作者是有区别心的，表现出明显的爱恨。第一、二只，非常喜欢；第三只是捡来的，不喜欢。

第一只猫："花白的毛，很活泼，常如带着泥土的白雪球似的，在廊前太阳光里滚来滚去。"三妹常常逗它玩，"我坐在藤椅上看着他们，可以微笑着消耗过一二小时的光阴，那时太阳光暖暖地照着，心上感着生命的新鲜与快乐。"它生病的时候，"我们都很替它忧郁"；它死了，"我心里也感着一缕的酸辛"，表现出极大的惋惜之情。

第二只猫："较第一只更有趣，更活泼"，所以更得我们的欢心，当它丢了，"好像亡失了一个亲爱的同伴"。

第三只猫："大家都不喜欢它，它不活泼，也不像别的小猫之喜欢玩游，好像是具着天生的忧郁性似的，连三妹那样爱猫的，对于它，也不加注意。"鸟被咬死后，"大家都去找这可厌的猫，想给它以一顿惩戒。"

在三只猫身上，清清楚楚地已经投射出了人的爱恨情仇，并且各不相同。

第二是对动物的不平等。鸟的生存世界是大自然，现在却被人买来关在笼子里。它失去了自由，首先是对它的待遇不公正。猫和鸟同为动物，为鸟的受伤而责打猫，这也是一种不平等。如果有仁爱之心，那么不会因为不忍其觳觫，而易牛以羊作牺牲的。

第三只猫和后来出现的那只黑猫，也是享受着不同的待遇：第三只猫是被冤枉者，作者对它表现出深深的歉疚，"我永无改正我的过失的机会了！"而视黑猫呢，是罪魁祸首，是得而诛之而后快的强盗了。

第三是对人的不平等。三妹失了小猫，"我"是好言安慰："不要紧，我再向别处要一只来给你。"对不阻止偷猫人的邻家，三妹表现出很大的不满："他们看见了，为什么不出来阻止？他们明晓得它是我家的！""我"也怅然若失："愤恨地，在诅骂着那个不知名的夺去我们所爱的东西的人。"

对于家里的张妈，不容机会辩白，"张妈！你为什么不小心？！"这简直是怒气冲冲，指着鼻子责怪的口吻嘛。

作者在文章中有深刻的自省，这是非常可贵的。但是还没有上升到完全平等地对待一切生灵的层面，这是"蠢动含灵，皆有佛性"的另一层境界。

这只是我的一点阅读体会，很可能跑偏到文章外面去了。如果寻章摘句，死抠字眼，以不圆满来苛求作者，也不厚道。因为，作者是最善于描写"平平淡淡的家庭琐事与脉脉温情中轻笼的哀愁"，这诸多的不高尚、不完美、不彻底，恰恰是达成美学意蕴的必需成分，是构成文章阅读美感的一部分。——这也是我需要特别说明的。

如切如磋，如琢如磨

——关于"课例研究"的一点认识

集中阅读学习有关"课例研究"的一些理论书籍后，语文学科组正在有步骤地组建研究团队，确立研究专题，前期部署了两场课例研究的内容：一节诗歌教学，一节名著导读，自备、集备、试讲等工作，依次有序展开。本人根据近期的读书学习，分享个人的三点认识：

一、课例研究的三个特点

1. 深度介入。我们的研究程序是：提出破解问题，设计观察量表，成立观察团队，开展学情预测，确立观察内容，制订环节步骤，组织研讨改进，形成研究报告。与传统观评课方式不一样之处，是把发现问题、解决问题的随机行为，变成一种前置的、有目的的预约行动，譬如针对基于标准的目标叙写、小组合作有效性研究、分层达标、教学评一致性观测等问题的预设。课堂教学被当作标本放到放大镜下观察、审视，然后被用来反思，再去改进。

基层教研的优势就是能够广泛、持久地接触课堂。课例研究更是一种深度介入课堂的教研方式，更为务实，更接地气，这是一条闭环式及时研讨、反馈，限时反思、改进的研究路径，是现实版的"将行动拿出来研究，再将研究的成果付诸实践"。

2. 多维视角。这是人人参与的业务研究。课例研究是围绕一堂课，在课前、课中、课后所进行的全部教学活动,参与人员包括研究人员、上课人员与教研组同伴,观察对象包括学生之间的沟通、交流、对话、讨论等全部学习行为和状态。每个视角都有观察研究人员在场。每个参与者既以观察员身份出场,又有不同的角色分工。

多维度、全方位地解剖研究,能更为全面地解决课堂问题。

3. 共同提高。课例研究有明确的目标朝向,能够吸收更多人员参与。每个人都不是旁观者,而是带着任务、带着成长目的进入课堂的责任人。

课堂是助力学生成长的场所。小组合作、平等对话与互相倾听,可以让每个学生都得到尊重和发展。

建立"学习共同体",让教师交流研讨环节,撰写观察报告,形成反思,二次改进教学。每个教师都可以在共同学习中有所收获,有所提高。

二、课例研究的三个价值特质

1. 高效。课例研究追求提高教学质量的实际效能,是最抵近课堂的一种研究方式。将单打独斗式的听课模式改变为集体会诊。这样的诊断反馈会更具体准确,教研效果更明显。

2. 有用。对参与方都有惠及。有助于师生教、学、研相长共生,有助于教研团队力量壮大,有助于学科素养整体提升。

3. 简洁。课例研究的理论明晰、易懂,不晦涩。其实一切真理都可通过简单的语言描述变得晓畅明白。有成功的实践案例供参考,拿来即用,能时时反观比对,可少走若干弯路。直接放心地实施简便的操作规程,既可消除自己用不确信的理论去硬性执行产生的盲目和苦恼,也可有效防止陷入理论的泥淖而不能自拔。

三、课例研究的三大优势

1. 青年教师培训为主体的研训手段。近年来,新进青年教师数量较大,课例研究会成为青年教师直接上手教学岗位的便捷途径，既有助于他们观察、思考、模仿、实践，循着这样的路径专业成长，还有助于形成健康的学术氛围，打好教学研究、教育科研的根基。

2. 校本教研更加实际的方式。先建立市级教研核心团队，再落脚于基层学校，最终形成以学校教研组为主体的教研行动，将教师从散漫低效的校本教研中解放出来，真正实现以学科教研组为单元的抱团发展，集体成长。

这是实现城乡教研均衡发展的重要手段。2020年是中国脱贫攻坚收官之年。乡村振兴离不开教育振兴，没有教研的振兴，就没有教育的真正振兴。课例研究，可以成为本学期教育精准扶贫，破解乡村薄弱学校教研困境，实现教育均衡的新突破口。

3. 教研模式的新突破。课例研究让教研工作由浅表走向深入。这比如一个标本的切片研究，观其大略也会有总体印象，但要想全面掌握，还需深入肌理组织、细胞，或者基因结构中去探究。确立研究的方向、主题、重点，就是将影响教学的问题一一梳理，逐个破解。

这是改变传统听评课单一教研方式的新探索。改善一人讲、众人听的模式。教研员的思想观念也会面临热情消退、思想倦怠、智慧枯竭的各种危机。教研智慧如果不是来源于课堂，就不会有生命力。课例研究，向同伴学习，互相碰撞激发，在与师生的切磋、观察、对话中，产生新的兴发感动，找到激活教研的触发点。

课例研究，会让教研的工作重心下移，以更多的心思和眼光去关照教学，这也是教研跳出课堂又回归课堂的一种选择。从这个方面来讲，这有助于教研专业人员的素养提高。新时期省市加强教研工作的指导思想，也有这方面的要求。我们期待看到，从课堂中结出师生素养的累累硕果。

最后再归拢一下：合作与对话、观察与反思、个案改进与群体提高，这就是我对"课例研究"的三点认识。

删繁就简三秋树

——关于"目标"的一点思考

刚才听了一节网课,内容是"综合运用多种表达方式"。因为八年级下册一、二单元涉及不同的表达方式,第三单元写作之前有小专题练习,第四单元要写演讲稿,所以老师就安排了这节"表达方式的应用"写作指导训练。整节课教学思路清晰,遵循课前准备、课上回顾复习、当堂指导、练习巩固,课后写作延伸等环节安排,井井有条。独对于"目标叙写"一项,本人尚心存疑虑,不敢妄下断语。

以下是教师出示的目标(多媒体课件展示)——

学习目标:1. 通过课前预习单和课文内容回顾,结合教师点拨,明确不同表达方式的基本作用。2. 通过复习第一单元课文,分析课文中精彩的段落,借助课中任务单赏析、品读文本,能说出作者运用不同表达方式表情达意的效果及使用原则。3. 通过拓展阅读、仿写练习的方式初步学会运用课堂上所学的表达方式进行片段写作,使表达生动且富有感情。

大体数了一下,这个"目标"130多字。教师跟学生交代陈述,得花较长时间,展示完了,学生也不一定能记得住多少。这不禁引发了我的一些思考:目标到底是给谁看的?

我认为,可以分三种情况:第一种,目标是给自己看的。这是教师自己备课时的一种教学指向的表达,可以具体详细地描述,属于案头工作,并且写得越细,说明下的功夫越大;第二种,是给同伴看的,在教研活动中,比如集体备课时,讲给同伴听,说得明白一些,这个也可以不厌其烦;第三种,是给学生看的,或者是师生共用的,它界定了课堂教学的基本朝向和标准。

今天课堂上这个,应当属于第三种。前两种更合适的称呼是"教学目标"。有一本关于教学设计的书中说:"为了确保学习者习得需要学习的内容,教师就必须清晰地知道学生习得学习结果的证据。"这能很好地说明"目标"的本质,它应该是教师胸中之"丘壑",脑中之"蓝图"。至于是否非得表述出来,还在其次。我们也看到好多名师课例,他们有的出示一两条目标,有的仅出示几个词语,或者有的自始至终没展示,甚至也没提及这个字眼,能说人家教学没有目标吗?人家的目标清清楚楚地在心中,整个教学过程呈现的就是目标导学,课堂达成的也是目标所指。他们的目标像北斗星一样明亮地高悬在教学设计里,嵌在课堂教学中。

课堂上的"学习目标"既然是用来"用"的,那就须追求实用。推测目标制订与叙写发展变化的方向:一是化繁为简,由详细、烦琐的表述,走向简洁、洗练,以易懂、易记、易操作为标准;二是由教师口头说的、课堂展示的,变成教师心目中的存在;三是文本呈现的文字实体,向课堂遵循的概括化、条目化和虚拟化表达靠拢;四是由"老师的"变成"学生的"。

有人对目标叙写提出种种要求,列出诸如用哪些动词、用什么样的短语等等,力图区分出识记、理解、分析概括、实践表达等能力素养的细密层级和分支。我们在语文教学中突然发现,这些词语永远不够用,不足以准确表达要实现的目标。并且相对丰富的教学内容,目标显得粗陋、贫乏,每堂课都来上这么一套宏大叙事的目标陈述,不啻程式化的机械重复。

如本课的100多字"学习目标"，就显得庞大。如果非展出不可，就可以尝试提取关键词，简洁表述。第一、二条是实现目标的路径、方法，可以合并或者干脆省掉；第三条，像目标，但仍略显臃肿，砍掉一半算了……最后只剩下第三条的后半句："学会运用课堂上所学的表达方式进行片段写作，使表达生动且富有感情。"这样一目了然，就干净多了。

还有专家称，"当教师能详叙学生学习后所期望反应的细节，清楚地指出期望的学习结果，这些学习结果的描述也就可以作为学生学习后评价的准则，确认学生学习后的具体表现"。教师制订了目标，别人就可以拿这个来衡量课堂成效。将棒子交到评价者手中，这不是搬起石头砸自己的脚吗？当然不是。

目标不是一成不变的。目标是动态的，变动不居的。制订目标不是画地为牢，将自个儿框住。语文课堂本身具备生成的特点，课堂最终实现的目标更多时候是大于预先制订的目标范围的。

叙写目标是"教学评一致性"课堂教学研究的基础工作，它解决"为什么出发"的问题。杜威《民主主义与教育》中说："目的作为一个预见的结局，活动就有了方向；这种目的，不是一个单纯旁观者的毫无根据的期望，而是影响着达到结局所争取的各个步骤。"这譬如旅途上的一个个驿站，我们预定今天到达的目的地是A站，但是今天天气格外好，装备又足，心情也好，脚力尚健，那就轻轻松松超过预定地点，赶到下一个落脚处B站呗。课堂生成何尝不是如此，有时你课堂上只想寻找一片绿叶，他们回馈的竟是整个春天。在寻美的路上，人们当然不会受其束缚，让它绊住前进的步伐。如此说来，目标，也不过是阶段性的目标啊。为它错失前程更好的美景，那才不值得呢。

目标叙写，其实是很麻烦的事。字数多点吧，多言数穷，如小人儿戴了顶大帽子，眼睛都遮住了，更不用说走路了；用一些新鲜名词来表述吧，言语道断，挂一漏万，不过事实之一角；搞得具体细致明了一些吧，则会刻板、机械。

大道至简。不能纠缠于目标叙写字眼多或少，忘记了为什么出发；也不可因为目标有与无，忘记了赶路要紧的事实。

还有一些想法：目标叙写，写到备课的教学设计里，就写得丰富些，要上课呢，就使用简版，轻松一些吧；对于才出道刚上路的年轻人，作为"童子功"，不妨要求写得丰富具体一些，对那些有临场经验的老手们，能省则省吧；其他的一些学科愿意弄得精致些，让他们放手去做（学科的差别并不比地球到月球的距离近），语文学科，可以朝着简约的方向摸索摸索……

计分评价的冷思考

开学以来，我到学校进行教学视导的过程中，听过十几节课，发现两位语文教师用到小组计分评价的办法，都是在黑板一边提前画好表格，按小组序号排列，每行分成若干小空格子。上课之初，老师交代，按回答问题情况计分，鼓励大家积极回答。其中一位老师是自己操作，随手在表格里面赋分：1分或2分；另一位则是讲明，由课代表做好记录，课结束时公布。

这种计分的办法，在推行小组合作学习的几年，来势强劲，风行一时。在最初使用时，也觉得十分新奇。在具体推行的过程中，还出现"个人计分＋小组捆绑计分"等更丰富的形式，名曰"一荣俱荣，一损俱损"，据说能培养小组合作的集体意识。一时课堂中群起，趋之若鹜，唯分数是瞻。课堂的确热闹，但为争一分之差，常常弄得不可开交。老师往往要花费不少的精力，费不少的口舌，来裁判分数到底归哪个组，说明计分到底多少更合理……

这样做，好像实现了"你争我辩，快乐无限"的目的。但是实际操作起来很麻烦，每堂课计分，不光语文这样，其他全部学科也如此。天天这么弄，时间久了，大家也都倦怠了。

我们的语文课堂，真实情形有时是需要高声大嗓的，但有时也需要娓娓而谈，有时还需要静静默读……

所以，后来此法的运用有所收敛，逐渐消停。但是个别老师仍然认为，不用分数说话，就不像正经评价。像这两位老师，就会偶尔用一下，如有人听课的这种情况。

本人对课堂上计分评价一法，一直心存疑虑，意见有所保留。在此，也汇报一下个人想法，以求教于各方高明同道。

一是作为一种组织手段，此法过于费时耗神。量化、打分、记录、仲裁……这属于组织教学的手段，而非学科本身的内容，纯属学习内容以外的东西。教师在课堂上不将焦点放在教学本身上，而忙着做这些，就是精力的浪费；如果每堂课都花5分钟以上的时间做这个，就是一种极大的时间浪费。

还有不方便之处，如这两节课，教师是亲自计分的，却也经常忘了填写表格。课堂如果只有几个主问题，还好办；如果问题多而杂，就更应接不暇了。小问题，学生答了，又不完整，是计分还是不计分，很模糊；另一位教师讲了计分要求之后，除了刚开始一两回奖励几分外，到课堂结束也没再提及。计分处于若有若无之间。学生也好像习惯了，表现得宽怀大度，也不怎么计较。这样，即使公布一下最终得分，也好像无关痛痒，效果可想而知。

其实，还真怕老是挂着计分这根弦的老师。他会一以贯之地执行，课堂全程经常被中断，像好端端的影视节目插播烦人的小广告，硬生生地把流畅的课堂割裂成一截一块。

还有，以计分活计而言，不管由教师还是由课代表或者小组长来做，都是作为课堂观察者的另一身份介入，这份额外的工作也不轻松。

二是鼓励的手段有若干种，不必死守计分一法。以语文学科为例，在师生互动中，在学生精彩的展示及回答中，老师的口头表扬，如"很好！""不错！""太棒了！"以及竖起大拇指、击掌等丰富的肢体语言，有时哪怕老师回应的一个"嗯"字，也足以表明优劣是非的鲜明倾向。

更不用说那种面带微笑的目光交汇，那种深契我心的轻轻颔首，那种所见略同的惺惺相惜……如春风化雨滋润心田，相信学生自能心领神会，周身温暖。这些办法与计分相差多少呢？如果说真有差别的话，这些办法更像是精神层面的，而计分，更像是物质层面的罢了。

三是如果也可以不为分数而学的话，这个办法就失灵了。我们的学生不应该为了分数而学习。如果可以用的话，也可能仅适于幼儿园和小学生。

意大利著名教育家蒙台梭利谈到儿童教育时，针对奖励手段曾有这样一段话："用奖品引诱学生，消磨他们的神志，伤害他们的智力，这值得吗？难道勤奋学习，努力工作，好好做人，一切都是为了获奖吗？"这么说来，即使针对低幼的儿童使用这些激励手段，也要慎之又慎。

学科知识技能学没学好，暂且不论。怕只怕，学生打小这样竞争，演练成性，由此，深谙狭隘的利益纷争，堕入锱铢必较的庸俗化泥坑。

所以，热闹之余，不妨泼一下冷水。让我们理性地反观审视：一种教学评价手段，好则留，不好，则早寻他途。

目标教学需处理好三种关系

2019年10月25日，潍坊市组织了基于标准的教学与备课研讨会。研讨会上，推荐了部分代表进行现场展示。根据会议安排，受命对其中四个展示进行了简单点评。个人在参与实践的过程中，也是与所有老师一道，不断摸索探究，不断丰富自己的认识。点评后提出了三点思考，即处理好三种关系，跟与会老师做了分享。仅代表个人一孔之见，现整理如下：

一是处理好目标叙写概括性与具体性的关系。一直以来，目标叙写是我们培训的重点内容之一，大家在叙写目标时，都是反复推敲斟酌，往精品目标方向书写。这是好事，说明大家都在关注目标，深入研究目标。目标毕竟引领着课堂的走向关于目标达成的标准。叙写依据都是基于课程标准、教材以及学情。课程标准的表述，单元目标要求，教材课时内容所在单元特征、要求、地位等，都纳入目标叙写前的准备功夫。事事都要细致，严格要求，甚至规定使用什么样的合适动词。这样在制订和书写目标时，就出现了一种状况：条目越罗列越烦琐，字数越写越多，篇幅越搞越长。有的老师目标呈现，多达十数行，百余字。其实，相对于事实真相表达，文字永远显得苍白。这是语词的局限性，没办法。那么，我们在陈述目标时，就需处理好概括性和具体性的关系。目标的语言呈现是概括性的，越具体，越会拉长表述；越想规范表达，往往越有疏漏。

我们也见过一些名师，在执教之初，于黑板上写寥寥几笔板书，交代目标，整洁醒目，干净清爽；而一堂课下来，也没觉得少学了什么。这就要求在用词准确性和模糊性上，在表述的具体性和概括性上，做好兼顾，不必刻意追求完整、细致。

繁复的种种描述，适合备课时给教师自己看；而实际教学中，则是越简练越好。

二是处理好目标预设和目标实现之间的关系。目标包含了教学达成的基本路径和蓝图，但如果把目标简单看作是教学的全部，则不准确。目标提供了教学的预定计划和可能性。课堂实际走向还受若干因素的制约，其目标落地同样受到一些影响。譬如学情，学情包括学生的基础情况、当堂达标的普遍接受力和完成力、学生之间的个体差异等。教学中如果无视这些因素，就会处处胶着，受到掣肘。

课堂上，有的教师喜欢预先搜集、征求学生提出的问题，梳理成教学的重点和难点，裁剪适宜的教学内容，制订相宜的教学策略，这些都是重视学生疑问和感受的做法，是真正基于学情的教学。

学情千差万别，课堂也是千变万化，预设的目标在实施过程中，就会有变数。我们要时刻了解学情，把握学情，警惕教学中凭经验的一意孤行，谨防生拖硬推。亦即要处理好目标预设和目标实现之间的关系。

三是处理好对"评"的结果及时矫正和长效作用的关系。我们说的"教学评"一致性，主要是指当堂的"评"，包括对本堂课的"教"与"学"行为的评价、反馈，以及矫正作用等内涵。培养学生语文核心素养，是语文教学的长期任务，甚至说学习语文是一辈子的事也不为过。某些素养的确是需要长期培养的。某一堂课目标的生成，相对于一个较长时间来看，是非常小的片段，那么就应当防止一次性评定的偏颇。

某些未实现的目标，不代表学生没有成长，也不代表教学没有效果。譬如蝉的若虫，一旦挠破那封闭它的最后一层薄薄的土痂，破土而出，就会爬上高枝，一展风姿。不要光看到它高唱枝头的风姿，也要理解其在黑暗中蛰伏很长时间的隐忍，正是在地下经过艰难的掘进，才有这最后的蜕变。语文素养的形成亦是如此，那些不理解，不完美，甚至错误，是最终豁然开朗的准备过程，是有积极意义的，万不可淡然视之，或者一笔抹杀。某个生字，学生现在不会写，可能过段时间就会了；某个句子，他一时不能理解，或许到某个阶段，他就一通百通，自然明了……语文学习，根本不需要有那么多逼仄和难堪，也不该有在"评"的名义之下的羞愧和不安。

所以"评"对于教学来说，永远是过程性的，是一种发展中的动态存在。我们就须要慎用评价，以更加长远的眼光和开放的视野来对待"评"的结果，正确处理好其对于课堂及时矫正和长效补充之间的关系。

悬而待决未尝不可

——关于文言文教学的一点看法

期末监测阅卷的时候，对文言文一个词语的解释引发了阅卷老师的争执。题目是关于"睨之久而不去"一句中"而"的用法，大家意见不统一。一方意见认为，"而"是连词，表示转折；另一方认为"而"是一个词缀，用在某些词语的后面，如"俄而百千人大呼""已而夕阳在山"，补充音节，没有实际意义，并举出一例"久而乃和"，都是"久而"，是一样的。坚持不一样的，认为"俄而"和"已而"是一个单纯词，固定的，是和"久而乃和"一样的，但是"睨之久／而不去"，句读若在"久"后，语气可停顿；坚持一样的，指出这些词语都是表示时间长短的，用法上没有区别……

这种语言现象困扰老师们的事，并不是个例。我们在日常教学中，经常遇到这种情况。往往为一个字、一个词争论不已，到激烈处，还会面红耳赤，唾沫横飞，甚而附带肢体动作。尤其是考试的时候，须出具一个标准答案后，这事才能罢休。弄得命题人也是如履薄冰，生怕留下引发争端的隐患。命题时尽量避开有争议的题目，谁抛出不和的金苹果，谁就相当于埋下激发矛盾的种子。

但是，换个角度思考，这样的语言现象，有机会让大家投入地辩论一下，最终走向和和气气，并无伤大雅，也是个好事。

对同一字词的理解，多义并存，自古有之。董仲舒就说过"诗无达诂"的话。本人手头有一册光绪年间的《奎壁诗经》，其中《卫风·考槃》有句："考檠在涧，硕人之宽。独寐寤言，永矢弗谖。"对于"考檠"一词，就有不同解释。其夹批注疏："考，成也；檠，盘桓之意。言成其隐处之室也。""陈氏曰，考，扣也；檠，器名。盖扣之以节歌，如鼓盆拊缶之为乐也。"这两说，一说悠游之貌，一说敲檠而歌。互相参阅，不失为同一意思。

《儒林外史》中有一回，是写听杜少卿解读经的片段：

杜少卿道："朱文公解经，自立一说，也是要后人与诸儒参看。而今丢了诸儒，只依朱注，这是后人固陋，与朱子不相干。小弟遍览诸儒之说，也有一二私见请教。即如《凯风》一篇，说七子之母想再嫁，我心里不安。古人二十而嫁，养到第七个儿子，又长大了，那母亲也该有五十多岁，那有想嫁之理！所谓'不安其室'者，不过因衣服饮食不称心，在家吵闹，七子所以自认不是。这话前人不曾说过。"迟衡山点头道："有理。"

这是以生活常理推断古人解释与现实的相悖之处。"丢了诸儒，只依朱注，这是后人固陋，与朱子不相干。"说的是读经解经的方法，即使如朱子，也不能全听全信。唯书唯上，只是耽误了自己。

《道德经》成书以来，围绕它的注释颇多，各家有各家的说法，且每一家都言之有物，自圆其说。在这些注读中，最有意思的是，有四个帝王都注读过，他们是唐玄宗、宋徽宗、明太祖、清世祖。这四位皇帝本身就很有故事，一位是中兴之帝，一位是亡国之君，一位是开国之主，还有一位是纵然胸怀大志，但对人生颇感无奈的帝王。如果他们之间见解一致雷同，那就不会有多样的精彩，所谓四帝解说也就没了价值。

在我们汉语中，对某一字词的理解，如果其义项是矛盾的、相左的、补充的……那都是再正常不过的语言现象。这正是汉语言丰富之处，深邃精美之处，也是其可贵之处。若能以辩证的眼光来看待，互为表里，互相参照，则可让语词理解走向通达。

那么，在初中文言文教学中，碰到类似的语言现象，实在弄不明白的，就暂且搁置，悬而待决。实在放不下呢，就多解并存，兼收并蓄，我们也不用着急去作定论。

草台班的春天

这堂《儒林外史》的阅读教学课，执教老师设计了这样一个环节，几位同学自编自演了一段课本剧《范进中举》。表演的是最精彩的部分，从母亲打发范进去集上卖鸡开始，中途邻居告知中榜，范进看榜后发疯，母亲、邻居找胡屠户治病，胡屠户先治病后谄媚，到乡绅送钱为止。内容大致包括三到十段。范进念榜后一跤跌倒，胡屠户指着范进鼻子大声呵斥，甚至一记响亮的耳光，这些表演都相当夸张，引起了同学们一阵阵笑声……

由老师与学生合作完成的《范进中举》的课本剧剧本见本书第二章《"名著阅读"课程化的实践与探索》一文，此处不再赘述。

见识过大都市学生的嘉年华，看过城里学生的运动会，阵容奢华，服装华丽，装扮奇瑰。那些学生个个脸上洋溢着红苹果一样健康的光泽和幸福的色彩。我们的这帮小演员呢，除了在胸前粘上一张白纸，标明"范进""邻居"之外，再也没有其他道具，就这样本色出演，赤膊上阵了。加之个别角色表现不突出，因陋就简，就显得黯然失色。为学生叫好之余，也替他们有一点点难过。

当然，我注意的重点不在此，而是在表演本身。

第四节课，教研组座谈时，我抛给大家一个议题：谈谈如何把课本剧这个环节做好，让这个草台班子也上上品位，能够亮丽起来。因为指向明确，头脑风暴式的谈论果然奏效，七位老师都谈到了点子上，提出了合理化的建议，如提前作布置准备，老师进行事前指导，课堂当场点评……太棒了！这正是我想要的结果。

无疑，课本剧表演是一个非常好的尝试，收到了一定的效果。针对这个环节设计，我认为应注重"三个三"：解决"三个问题"，理清"三种角色"，突破"三个层次"。

解决"三个问题"：一是为什么演？二是怎样演？三是演到什么程度？

为什么演？这是由文体特征决定的。这是节选的一篇小说，有着丰富生动的人物形象，有着集中突出的矛盾冲突。这是较适合改编为其他艺术形式如电影、戏剧、小品等的一篇文章。表演是较好的语文学习，角色的对白、动作、表情、神态等的展示，是直接的语言运用。统编版语文教材将诗歌、戏剧、演讲、新闻确定为四个"活动·探究"单元，这是认准了这四类体裁文本的实践意义。而这种课本剧的表演，就是对"实践探究"最好的探索和呈现方式之一。

怎样演？基础工作就是对文本进行深入细致的阅读，对人物形象进行细致地揣摩，加上对舞台表现的创意设计。表演的形式如本节课，是一个小组登台；可否再来一组？有比较才有鉴别嘛。如果集中全班同学来排这场戏呢？就会让每个小组的成员都有事可干：做编剧，做舞美，搞化装，备道具……群众性工作的成果，在于过程，有这些细致的准备过程，表演展示就变成了一种竞赛，当然效果还会好许多。

演到什么程度？这才是焦点。本节课让人意犹未尽的也正是这里。老师如果只把此表演当作一个简单的小环节，只为活跃一下课堂气氛，博大家哈哈一笑，就会轻轻一带，匆匆而过，因为老师后面还有若干事要忙活呢。这也是为什么大家在谈到这个问题时，参与的老师都是略略建议一下，坐而论道，轮到自己，课堂上可能并不真想这么去做，起码认为不值得去做吧。

这个课本剧，可以大有作为。围绕这个剧来做文章，也可将其做成课堂的华彩乐章。演剧就是学语文；编排剧就是揣摩语言、拓展想象、探寻作者的艺术表达；而琢磨、推敲和不断修正，将剧演得越来越好，就是把语言文字往精致细腻里学习深究的过程。

对于这样的文章来说，课本剧，就是学习语言的绝佳工具，也是最好的手段。只要认识到这一点，至于演到什么程度，相信每个人都自有分寸和标准。

课本剧的表演还需理清三种角色：表演者，观赏者，导演者。这在前文提及的第二章的《"名著阅读"课程化的实践与探索》那篇文章中已作论述，可参看。

课本剧的价值需突破三个层次：欣赏、模仿和创造。课本剧搬演，绕不开这三个层次。先是看人家表演，会欣赏，这是最基础的层次；继而自己尝试一把，这样照葫芦画瓢地试水，就是模仿的阶段，是较高的一个层次；如果学生能超越模仿，有自己的理解和独到见地，并能创造性地表达展示出来，这就是一种更高的境界，是理想的层次，也是我们希望看到的。

今天的课堂，我们看到的这段小小的课本剧表演，的确稍显粗糙，场面也简陋了一点。个别同学动作放不开，台词也欠地道，表情还很僵硬，减损了许多美感。但是有师生大胆积极的尝试，也就足够了。只要满怀憧憬，一腔热情地出演，身处草野，亦无妨素朴地表达。无所谓地域，草台班子也该有自己的春天，如此不断地琢磨完善，假以时日，也会越来越好，因为它是合乎语文教学根本规律的。语文学习强调引导学生在真实的语言情境中，通过自主的语言实践活动，积累语言经验，提高运用语言文字的能力。

这所学校所在的山区，有个漂亮动听的名字，叫"皇华"。初冬的冷风中，大地默默地积蓄着能量；等冬天过去，定能看见明艳夺目的野花，漫山遍野地怒放！

为师当学莎莉文

2020年9月17日,听范娟老师执教的《再塑生命的人》一课。文章是一个节选片段,讲海伦·凯勒在家庭教师安妮·莎莉文的启蒙教导下,怎样由懵懂无知一步步走向知书识礼的故事。莎莉文是再塑海伦·凯勒生命的人。听课过程中,看着年轻知性的女教师和一群青春年少的孩子饶有兴趣地欣赏发生在遥远国度的一个经典故事,我在想,鉴于这样一种特殊的人际关系,莎莉文在与海伦·凯勒的交往中,有没有完成教师自我角色的塑造?也就是为师者的生命体有没有实现自己人格灵魂的升华和再造呢?答案是肯定的。

那么,莎莉文老师身上有哪些优秀的品质,值得我们这些教师同行来学习呢?

首先,莎莉文老师有一颗仁爱之心。她胸怀博大,宽厚包容。她跟"我"的初次见面,就是以这样的形式开始的,"一个人握住了我的手,把我紧紧地抱在怀中"。一个热烈的拥抱,这是爱意的亲密表达,她就是以这种形式走入了"我"的生活。

在接下来的接触中,莎莉文老师处处透出母性的温柔。为跟"我"建立良好关系,她送"我"礼物,"第二天早晨,莎莉文老师带我到她的房间,给了我一个布娃娃"。这种玩具,应当是女孩子普遍都喜欢的。不但如此,"有一天,莎莉文小姐给我一个更大的新布娃娃"。

对于"我"的无理取闹，莎莉文老师表示了极大的容忍和克制。"我实在有些不耐烦了，抓起新布娃娃就往地上摔，把它摔碎了，心中觉得特别痛快。"发脾气，摔布娃娃，表现出"我"的暴戾和乖张。作为老师，本可以指责和批评"我"，但莎莉文老师没有任何过激反应，而是"把可怜的布娃娃的碎布扫到炉子边，然后把我的帽子递给我，我知道又可以到外面暖和的阳光里去了"。无言的爱意，如春风化雨，足以温暖世间一切的冷漠，融化一切顽劣和坚硬的内心。

其次，莎莉文老师深谙儿童心理学。一个身有残疾的儿童，性情是与正常人不一样的。"当时的我，经过数个星期的愤怒、苦恼，已经疲倦不堪了。"在无声无语的世界里，"我"内心充满了无助和恐惧，"在接受教育之前，我正像大雾中的航船，既没有指南针也没有探测仪，无从知道海港已经临近。"莎莉文老师对"我"这些病态的特征，表现出极大的理解和同情。即使在"我"一场毁灭性的胡搅蛮缠之后，也能心平气和地带"我"外出散步，一点儿不影响其教育的耐心和细致。

"我"的心灵已经发生了扭曲，"我对布娃娃并没有爱。在我的那个寂静而又黑暗的世界里，根本就不会有温柔和同情"。这对生命是多么的心灰意冷，对未来是抱着怎样的一种绝望心情啊！如果不是莎莉文老师对这些有着深透的洞悉，并对自己的职责尽心尽力，"我"的老师早不知换了几个了。

再者，莎莉文老师懂得教育艺术。她送"我"布娃娃后，"拉起我的手，在手掌上慢慢地拼写'doll'这个词，这个举动让我对手指游戏产生了兴趣，并且模仿着在她手上画"。寓教于乐，在游戏中培养学习的兴趣，并且让"我"很快享受到了学习的快乐，"当我最后能正确地拼写这个词时，我自豪极了，高兴得脸都涨红了，立即跑下楼去，找到母亲，拼写给她看"。莎莉文老师高超的教学艺术，还表现在，她给"我"两个布娃娃，通过比较，循序渐进地让"我"明白，大的布娃娃和小的布娃娃一样，都叫作"doll"。而最精彩的一段教学，是教"我"认识"水"这个词，她把"我"的一只手放在喷水口下，让"我"直接感受水的清凉和奇妙，在"我"的另一只手上拼写"water"，"我"注意着她手指的动作，"突然间，我恍然大悟，有一种神奇的感觉在我脑中激荡，我一下子理解了语言文字的奥秘了"。这是怎样的一种豁然开朗啊！

这种走进自然、融入生活的教育艺术，恰如叶圣陶先生在《如果我当教师》中说的："文字的课本以外还有非文字的课本，非文字的课本罗列在我们周围，随时可以取来利用，利用得适当，比较利用文字的课本更为有效，因为其间省略了一条文字的桥梁。"

还有，莎莉文老师是一位真正的灵魂工程师。莎莉文老师是在"我"焦灼、无助、混乱的时候到来的，"我心里无声地呼喊着：'光明！光明！快给我光明！'恰恰在此时，爱的光明照到了我的身上"。莎莉文老师就是光明的使者，是苦难深渊中小小人儿的救世主。她教"我"识字，让"我"知道世间万物都有自己的名字，用以柔克刚的方法，"唤醒了我的灵魂，并给予我光明、希望、快乐和自由"，让"我"对生命产生了自觉意识，对自己的放纵无知产生了无尽的悔意，"我想起了那个被我摔碎的布娃娃，摸索着来到炉子跟前，捡起碎片，想把它们拼凑起来，但怎么也拼不好。想起刚才的所作所为，我悔恨莫及，两眼浸满了泪水，这是生平第一次"。这个悔改的表现，纵是没有什么结果，也是一种可贵的爱的传递。莎莉文老师的呵护，让"我"的世界彻底发生了变化，对未来充满了热切的向往："那个美好的夜晚，我独自躺在床上，心中充满了喜悦，企盼着新的一天快些来到。"以至发出了这样由衷的感叹："啊！世界上还有比我更幸福的孩子吗？"

中国早有"成人达己"的古训，师生本来就是一种互相成全的对等关系。没有三千弟子，就没有孔圣人，也就没有儒学的产生和流布；没有海伦·凯勒，莎莉文也就不能成其伟大。你知道海伦·凯勒睁开眼后，她第一眼想看到的是什么吗？在《假如给我三天光明》中，是这样写的：

"第一天，我要看人，他们的善良、温厚与友谊使我的生活值得一过。首先，我希望长久地凝视我亲爱的老师，安妮·莎莉文的面庞。当我还是个孩子的时候，她就来到了我面前，为我打开了外面的世界。我不仅要看到她面庞的轮廓，以便我能够将它珍藏在我的记忆中，而且还要研究她的容貌，发现她出自同情心的温柔和耐心的生动迹象，她正是以此来完成教育我的艰巨任务的。"

值了，这就是为师一场的最好报偿！当老师，就应当做莎莉文这样的老师。

访清心斋主人

五一劳动节前一天，下午4点钟，我和小颜如约去"清心斋"拜访匡老师。老师的工作室在繁华闹市区，阁街南关的一条老巷子，走进去一点，左拐进一个小院，一栋小楼的四楼上。进门时除门卫过问一下外，一直上到四楼，楼道内都是静悄悄的，再碰不到一个人。老师背对着门口，坐在凳子上作画，支起的画板上，是一张大幅的山水画，黑白水墨画的底稿，尚未设色。室内更安静，宽敞的画室，只有老师一人正入神地涂涂抹抹。看得出是很长时间以一个姿势面对着画稿，如果不是来人惊动，老师会一直沉浸在他的山水天地里。

听见我们进来，老师放下手头的活儿，热情地让座，冲茶。老师从办公桌抽屉里拿出一幅画作，我们连忙将画稿摊在地板上欣赏，并随手拍照。这是一幅富贵牡丹图，题了刘禹锡的名句："唯有牡丹真国色，花开时节动京城"。这是小颜请老师画的，用来装饰新房的宝贝。

在诸城师范学校求学期间，匡老师是我们的授业恩师，当时教授地理课。本人对地理学得并不精熟，有一段时间还被"时区""日界线"等一些名词搅得糊涂，对课的内容的印象也早已模糊。但是对老师作画的情景，记忆却深刻清晰。教室隔壁的一间办公室，好像每回路过，总能看见匡老师在那神清气闲地挥毫泼墨，画好的藤萝、葡萄，就成片地晾在地上，常常吸引年少的我驻足流连，只觉满眼紫气斑斓、龙蛇飞动，叹为观止。

老师早年毕业于山东艺术专科学校，师从于希宁、张彦青、关友声等人学习书画，而地理不过是阴差阳错的选择。倒是画画的底子，让老师执教地理如虎添翼，手绘地图与原版不差分毫，精美绝伦，成为一绝。看老师在黑板上画地图，就是一大享受，那些曲曲折折的地缘分界，犬牙差互，毫无规律，但都牢牢地印在老师脑子里，只见粉笔在黑板上吱吱嘎嘎地运行，服服帖帖地"走动"，倒像一架3D打印机在精确地将课本上的地图复制出来……老师也很得意自己教出了一批高徒来，有几位是地理学科教坛的奇才，众人也是耳闻目睹的。

老师精神头儿很好，耳不聋，眼不花，头脑清晰，也很健谈。但毕竟82岁了，一天站下来，腿脚都会肿胀。最近感冒了一次，身体更吃不消。但是答应了人家请托的事情，一定要完成。我提起年前好像看见新闻报道老师办过一回作品展，是在博物馆吧。老师说那是前年的一回，去年是在华融东鲁展览馆，并翻出手机保存的一段10分钟专题片给我们欣赏。

老师是书画界名宿，博物馆、超然台等地均有其作品罗列其间，慕名求字求画的人不少，片纸难求，晚生弟子辈更以收存老师的作品为荣。老师创作，可不是如普通人想象的那样，随手一画就得。上回本人求得一幅《超然台上雪》，就听说老师好好练了一段时间后才写的。结体布局不烂熟于胸不肯轻易下笔，可见老人家那股认真敬业的态度。那幅书法作品字数太多，劳烦老师不少。里面还有个小插曲，诗中有一句"君不见淮西李侍中，夜入蔡州缚取吴元济"，我提供草稿时审稿不慎，把"元"字错写为"无"，老师又是写的繁体字，没法改动了，就保持了原样，像错印的纸币、邮票之类，更有别样的收藏价值。再说了，这密密麻麻一大篇草书，满纸云烟就欣赏不够了，耐心囫囵读下来的，又有几人呢？若有人真识别出来，那一定是知音，我也肯定会讲这段故事给他听。

喝茶聊天中，老师还说起一桩笑话，某年某位领导检查备课本，说字不认识啊。语气不善,那意思,是说书写潦草了。老师说:"我自己的备课本,怎么还得你认得!……"听完我们都大笑。倒不是老师多有个性,老师说的是实话,备课是老师设计自己用的东西,领导真没有使处嘛。老师说自己上地理课压根就没带过课本,也没翻过备课本。那点东西,都装在自己脑子里。这绝非吹牛,没有一点真功夫垫底,也不敢撂下这样有气力的话。

在这个疫氛乍散的春深季节,天气渐渐暖和起来,窗外花木扶疏,室内语笑喧哗。时隔多年,老师依然康健,学生不算很老,仍能晤对,亲领教诲,也是人生一大幸事。所言无关仕途经济,鲜及利禄功名,这也平添了一些宾主尽欢的意味。

告别老师出来,我们想起刚才的话题,也想模仿老师说几句这样硬邦邦的话,想来想去都是轻飘飘的,怕是一辈子也没有这样的资格和本事喽。这倒给我们一些警醒和觉悟,扪心自问,自家有没有像那位检查者那样居高临下,自以为是?老子在《道德经》中早就告诫过我们:"知不知,尚矣;不知知,病也。圣人不病,以其病病。夫唯病病,是以不病。"在做学问这件事上,我们永远是懵懵懂懂的小学童。以谦卑的心态,向别人学习,安守本分,增进自己的修为,永远是人生的大功课。慢慢玩味,这样的笑话,就变得严肃起来,让人不敢放肆地笑出来了。

第四章 书海蠡测

初中生要多读多背《诗经》

初中语文教学重视学生背诵古今优秀诗文,古诗文教学推荐篇目由教材编者和任课教师推荐,《义务教育语文课程标准(2011年版)》推荐古诗文60篇。统编语文教材,强调大量阅读,这是好的势头。

中国是一个诗歌的国度,《诗经》是中国诗歌的源头。在课程标准推荐的诗歌篇目中,《关雎》《蒹葭》两首"侥幸"入选。相对于"诗三百",入选的《诗经》中的诗歌篇目真是凤毛麟角,少得可怜!

对于诗歌阅读,谁也不能绕过去的,首先当推《诗经》。

读《诗经》,可以开阔眼界,增长认识。《诗经》收录了西周初年到春秋中叶约五百年间的诗歌三百零五篇,包括诸侯国的民歌小调"风",西周王畿地区的正声音乐"雅",宗庙祭祀的舞曲歌辞"颂"。内容非常丰富,有史诗、劳动号子,有军旅诗、思妇诗、宴饮诗,还有大量关于婚姻爱情、自然天象、动物植物等主题的诗篇。

《诗经》简直是一面反映周代社会状况的镜子,是后世认识周先民生活的一部百科全书。如"大雅"中的《生民》等史诗,本是一些祭祖诗,记录了周部族自母系氏族社会后期到灭商建国这一段时期的历史,歌颂了后稷、公刘、太王、王季、文王、武王等的辉煌功绩。这些诗篇记录了周部族的产生、发展及灭商建周统一天下的历史进程,记载了大迁徙、大战争等重要事件,反映了周部族政治、经济、民俗、军事等多方面情况,给后人留下了宝贵的史料。梁启超认为现存的先秦古籍中，真金美玉，字字可信者，《诗经》为首。后世一些历史陈述就是来源于此。

读《诗经》，可以砥砺身心，加强自我教育。《诗经》相当程度上反映了周代的礼乐文化，成为有价值的保存周礼的文献。《论语》中就记载了一段著名的庭训："（子）尝独立，鲤趋而过庭。曰：'学《诗》乎？'对曰：'未也。''不学《诗》，无以言。'鲤退而学《诗》。"某次，孔子正站在庭院里，儿子孔鲤快步走过，被孔子叫住，问道："你学《诗经》了吗？"孔鲤回答："没有。"孔子说："没有学《诗经》，就不能言谈应对！"孔鲤就乖乖地回去读《诗经》了。

孔子特别强调诗教的作用，他劝导学生：怎么能不学《诗经》呢？《诗经》可以抒发情志，可以观察社会与自然，可以结交朋友，可以讽谏、怨刺不平之事。近则可以侍奉父母，远则可以侍奉君王，还可以知道不少鸟兽草木的名称。后人从中获得的教育因子，何止车载斗量。

读《诗经》，可以增强美学熏陶，传承文化根脉。《诗经》赋、比、兴的运用，开启了中国古代诗歌创作的基本手法。"赋"就是直接叙述或抒情，如"静女其姝，俟我于城隅"（《邶风·静女》），直接大胆地唱出："有一个漂亮的姑娘，等我在那城墙脚下。""比"就是以彼物比此物，如"桃之夭夭，灼灼其华。之子于归，宜其室家"（《周南·桃夭》），以桃花的艳丽，比喻新嫁娘的清婉可人。"兴"是先言他物，以引出所咏叹之词，如"关关雎鸠，在河之洲；窈窕淑女，君子好逑"（《周南·关雎》），先说鸟鸣叫，再引出人美好。赋比兴的手法，连同多用四言句等表现形式，对后世文学创作产生了深远的影响。

《诗经》中关注现实的热情、强烈的政治道德意识、真诚积极的人生态度，被概括为"风雅"精神，"饥者歌其食，劳者歌其事"的美学思想代代继承和发扬。读《七月》，我们可以看到奴隶们血泪斑斑的生活；读《伐檀》，我们可以感悟到被剥削者阶级意识的觉醒；读《硕鼠》，我们可以感受到语言文字震颤人心的力量。

《诗经》带着中华优秀传统文化鲜明的胎记,不能割裂,不容忽视。它在继承和弘扬中华民族优秀传统文化,增强民族文化认同感,增强民族凝聚力和创造力方面,具有不可替代的优势。

初中生应当大量朗读《诗经》中的作品,在读读背背上多下功夫,以增加文化积累的厚度和高度。如果非要一个阅读数量的推荐,我认为,不是2首,不是20首,而是200首,乃至300首。

学了《诗经》会说话

武汉防控新冠肺炎疫情时,日本街头有一次支援武汉募捐活动,展台横幅中的"岂曰无衣,与子同裳"一句,来自中国最早的诗歌总集《诗经·秦风·无衣》,表达了民众面对危难团结互助、同仇敌忾的精神。俗话说"学了《诗经》会说话",还是很有道理的。

防疫期间,闭门读《孟子》,发现《诗经》名句在文中多有引用。譬如第一篇《梁惠王》,孟子见梁惠王,开启了数场精彩绝伦的对话。其中对《诗经》警句借用之巧妙,说理之精到,援引之频繁,让人眼界大开,叹为观止。今试梳理欣赏如下——

一、正论除疑网,高辞折慢幢

孟子去拜见梁惠王,惠王站在池塘边上,一边欣赏着鸿雁、麋鹿等飞禽走兽,一边扬扬自得地说:"有德行的人也喜欢享受这些乐趣吗?"孟子回答:"只有先成为有德行的人,才能享受到这种乐趣;没有德行的人,即使拥有这些,也是不会快乐的。"接着,孟子引用了《诗经·大雅·灵台》中的名句:

"经始灵台,经之营之。庶民攻之,不日成之。经始勿亟,庶民子来。王在灵囿,麀鹿攸伏。麀鹿濯濯,白鸟翯翯。王在灵沼,於牣鱼跃。"

"开始规划建灵台,文王经营巧安排。百姓齐心都来干,灵台落成进度快。文王诫令不着急，百姓踊跃自动来。文王游览灵囿中，母鹿安伏深草丛。母鹿肥大毛色润，白鸟洁净羽毛丰。文王游览到灵沼，满池鱼儿欢跳动。"周文王虽然动用老百姓的劳力来修建高台深池，可是老百姓非常高兴，个个争先，乐于从命，并把那个台叫作"灵台"，把那个池叫作"灵沼"，还为那里面有麋鹿鱼鳖等珍禽异兽而感到快乐。这是为什么呢？"古之人与民偕乐，故能乐也。"

接着，孟子还用《汤誓》中的"时日害丧？予及女偕亡！"从反面暗讽梁惠王，老百姓都盼着："你这毒太阳啊，什么时候才灭亡呢？我宁愿与你同归于尽！"这样的话，即使你有高台深池、珍禽异兽，难道能独自享受快乐吗？

在这里，梁惠王本来是一副顾盼自雄的姿态，虽然嘴上说着客气话，骨子里还是高傲得很。孟子引用《诗经》中文王建灵台百姓奋勇争先的例子，阐明治国之道当以仁义为本，修身之道当以与民同乐为务，从而深深打动了梁惠王，让其放下了高高在上的身段，开始下面平等和缓的一席对答。

与民同乐是仁义之君美好品德的外化，就是"天下为公""先天下之忧而忧，后天下之乐而乐""以天下为己任""循乎天理"，就是克制私欲、体恤民情、顺乎民心，与民同心同德。历史上的尧舜禹汤文武周公，皆属于此。无独有偶，千古之下，欧阳修继承"与民同乐"的道统，一篇《醉翁亭记》与此如出一辙，以"醉能同其乐，醒能述以文者……庐陵欧阳修也"，而成为不朽的传世经典。

二、同仁济万物，推恩保四海

孟子和齐宣王谈论齐桓公、晋文公之事，两次引用了《诗经》名句。

孟子倡明从爱护百姓出发征服天下，没有人能够抵挡得住，并肯定齐宣王也能做到。何以知之？孟子谈了一段听来的故事，关于衅钟时弃牛以羊的传闻，解析其幽微曲折的心理活动。从而得出判断结论：百姓以为大王您是吝啬，但我知道大王您是不忍心啊。这简直说到了齐宣王的心坎上，至此，齐宣王引用了《诗经·小雅·巧言》章句来表明心迹：

"《诗》云：'他人有心，予忖度之。'夫子之谓也！"

"《诗经》说：'他人所具有的心思，我是能够猜中的。'这话说的原来就是先生您啊！"在这里，齐宣王总算找到了知音，当然不免有些情动于中："夫子言之，于我心有戚戚焉"。

"在寡人眼里，老百姓只知道跟风起哄，恶意曲解中伤，哪知道寡人的一番苦心呢！经您这么一点拨啊，我的心便豁然开朗了。知我者，夫子也。"在此，双方观念暂时达成了一致，我们仿佛看见，两双大手紧紧地握在了一起。

接下来，就此心能合于王者的原因，两人展开一番详谈。为说明"王之不王，不为也，非不能也"，孟子以"挟太山以超北海"是真不能，而"为长者折枝"是不为来作比，委婉指出，大王恩及禽兽，却不能泽被百姓，这就是十足的"不为、不用恩"啦。道理很简单，孟子说出了那个著名的警句："老吾老，以及人之老；幼吾幼，以及人之幼。"如此一来，则"天下可运于掌"矣。孟子未止步于此，而是更进一层，引用《诗经·大雅·思齐》中的句子：

"《诗》云：'刑于寡妻，至于兄弟，以御于家邦'，言举斯心加诸彼而已。"

"《诗经》说：'文王以礼法对待其妻，对待兄弟也相同，以此统御全国'，说的不过是以这样的心思来施加于他人而已。"由近及远，推广恩德足以安定天下，不推广恩德，连自己的妻子儿女都保不了。古时候的人之所以胜过世人，没有别的秘诀，只不过是善于推广他们的好行为罢了。

孟子由此发问："如今大王您的恩惠能够泽及动物，却不能够施及老百姓，是为什么呢？"言外之意：自家掂量，考虑考虑去吧！言近旨远，这就是"诗云"的力量。

三、大勇安天下，仁智交邻国

齐宣王向孟子请教："交邻国有道乎？"在此，又两回用到了《诗经》章句。

孟子回答齐宣王提问，说有的，仁者能以大事小，譬如汤事葛、文王事昆夷；智者能以小事大，譬如大王事獯鬻、勾践事吴。接着引用《诗经·周颂·我将》的句子"畏天之威，于时保之"，补充说明外交之道：以大事小是乐天，以小事大是畏天；乐天者可以保天下，畏天者可以保其国。敬畏上天，可以保国祚长久，这个道理，《诗经》里面言简意赅，已经说得很透彻了。齐宣王听后也不禁赞叹："大哉言矣！"

就齐宣王"寡人有疾，寡人好勇"的遁词，孟子指出"抚剑疾视曰：'彼恶敢当我哉'"这些大而无当的言语，不过匹夫之勇，只能敌一人，根本不足取。然后再祭起《诗经·大雅·皇矣》的利器：

"《诗》云：'王赫斯怒，爰整其旅，以遏徂莒，以笃周祜，以对于天下。'"

这是什么？这是文王之勇！文王一怒而安天下，这是文王的大勇。一人横行于天下，武王也耻之。武王也是一怒安天下。如果大王您也能一怒而安天下之民，那么，"民惟恐王之不好勇也"！针对齐宣王的吞吞吐吐、遮遮掩掩，孟子一下子就将其伪装剥得干干净净。在这里，孟子树起"三达德"之"勇"的高标，指出只有仁、智、勇兼备的人，才能避免匹夫血气，以大勇安天下。

四、二疾诚有道，一言思无邪

齐宣王问"王政"一节，是引用《诗经》最丰富的一场谈话，竟多达三处，眼看张口闭口都不离"诗云"了。

一处是孟子论及文王德政，农民交纳的田租只占收成的十分之一，任职者的俸禄子孙世代承袭，关隘、市场只稽查坏人，不征收关税，等等，对于世间最可怜的四种人：鳏、寡、孤、独，文王必定加以保护。此处引用了《诗经·小雅·正月》的句子：

"哿矣富人，哀此惸独。"

"富贵人家多欢乐，可怜穷人太孤独。"杜甫诗句"朱门酒肉臭，路有冻死骨"简直就是此句的翻版，对"天下之穷民而无告者"表现了极大的同情，对为富不仁者表示了极大的愤慨。

另两处，矛头针对齐宣王耍赖式的闪烁其词，"寡人有疾，寡人好货""寡人有疾，寡人好色"。

孟子举出昔者公刘，也好货，这不要紧嘛，他是怎么做的？参见《诗经·大雅·公刘》：

"乃积乃仓。乃裹糇粮，于橐于囊。思辑用光。弓矢斯张，干戈戚扬，爰方启行。"

"场里仓里粮草满，包起干粮来赴远，大袋小袋都装好，大家协力保平安；弓箭齐上弦，武器扛上肩，雄赳赳气昂昂，开步向前线。"后方的百姓和前方的将士都不用饿肚子，大王与百姓同舟共济，即使偏爱财货，对于实行王政又有什么妨碍呢？

孟子又说，太王也好色，宠爱他的妃子太姜。那么看看《诗经·大雅·绵》里是怎么记载的：

"古公亶父，来朝走马；率西水浒，至于岐下。爰及姜女，聿来胥宇。"

"古公亶父为安家，清早出行骑着马；沿着河岸向西行，一直来到岐山下。他带着妻子姜氏女，视察居处好安家。"在周太王时代，没有怨女旷夫。大王如果喜好女色，也能满足老百姓这方面的需求，男人都能娶上媳妇，女子都有自己的归属，称王天下又有什么困难呢？

孟子与齐宣王的这一番对话，采用了欲擒故纵的手法，尤其三次引用《诗经》章句，处处摆出仁政示范，设置森严壁垒，使齐宣王没有退路，乖乖进入王道政治的"彀中"。

以上是对《孟子·梁惠王》中几处引用《诗经》的分享。在阅读中，《诗经》章句往往与我们不期而遇，如精金美玉，时时闪烁出夺目的光辉。这也让我们对这部文学经典心怀敬畏，益觉其博大精深。

走笔至此，有人若问：《诗经》怎样？"字字珠玑！"引用若何？"以一当十！"

荒凉生命的"后花园"

——读萧红《呼兰河传》

萧红的长篇小说《呼兰河传》,记述的是发生在北方边陲呼兰河城的故事。从一个四五岁儿童的视角,展现了在一个特殊年代里,东北小城形形色色的人物和发生的形形色色的故事。

"我"生活在一个能解决温饱,甚至可以说是小康的家庭,有自由自在、无拘无束的生活天地,有一个喜欢自己的慈祥的祖父。

后花园就是"我"成长的乐园,这与鲁迅笔下的"百草园"有得一比。所不同者,"百草园"中只见孤单的自我成长的儿童身影,"后花园"中却有着儿童的贴心人生导师。"祖父整天都在后园里边,我也跟着祖父在后园里边。祖父戴一个大草帽,我戴一个小草帽;祖父栽花,我就栽花;祖父拔草,我就拔草。当祖父下种种小白菜的时候,我就跟在后边,把那下了种的土窝,用脚一个一个地溜平……"后园中一切都是生龙活虎的,"花开了,就像花睡醒了似的。鸟飞了,就像鸟上天了似的。虫子叫了,就像虫子在说话似的。一切都活了,都有无限的本领,要做什么,就做什么。要怎么样,就怎么样。"太阳朗照下的后园,"都是健康的、漂亮的,拍一拍连大树都会发响,叫一叫就是站在对面的土墙都会回答似的。""我"就是在这样一个所在捉蜻蜓、捉蚂蚱,无拘无束地快乐生活着。

"祖父的眼睛是笑盈盈的,祖父的笑,常常笑成和孩子似的。"祖父遇到小孩子,会玩突然藏起孩子帽子的游戏。祖父是"我"最好的玩伴,不厌其烦地和我絮叨，呵护我，娇惯我，教我念诗，"早晨念诗，晚上念诗，半夜醒了也是念诗。"对于懵懂无知的"我"，祖父那里也是唯一的避风港。这在用针扎"我"指头的祖母，甚至父母身上，都是从来没有过的。整部小说读下来，你会发现，这些人物，若即若离，面目模糊，都不是"我"亲近的。

小说对于场景的介绍，是亮丽的、热闹的，是生机勃勃、充满喜感的。火烧云的壮美景色，后花园的无穷趣味，街道上的几所学校的师生趣闻，读着读着，都能让读者会心地笑起来。譬如东二道街上的大泥坑，淹死过猪，闷死过狗，猫鸡鸭也常常死在这泥坑里，人和马也有差点淹死的危险经历。这才有了全镇子人吃便宜猪肉，明知是瘟猪却权当淹猪而闭眼大嚼不已。其间，有一只淹死的小猪和鸭子被祖父带回来，用黄泥裹了烧制一番，让"我"大饱口福，从而不禁向往有下一只掉到井里淹死的鸭子，也如法炮制来吃一吃。这些都充满了童真童趣，无限美好。

周边人物的生活，并不特别乏味。开粉房的住着嚓嚓作响摇摇欲坠的房子，却可以从房顶上采到新鲜的蘑菇。当鞋子从房顶漏到锅里，他们会看着那鞋子在锅里翻滚，并不着急捞出来，反正那粉条是卖的，不是自己吃的。

有意思的生活内容，还包括听野台子戏、逛娘娘庙、放河灯等，在书中都有浓墨重彩的一笔，这是呼兰河城人的生活舞台上不可缺少的热闹聚会。日子就这么一直美好下去固然好，但生活本来的样貌却不是这样。

世情画面也有灰色阴暗的调子，充满了苦难和不堪。如小说中时常提到的"我家的院子是很荒凉的"，隐隐透露出生活光影之后的本真。当一些不美好与固有的缺陷都赤裸裸地展示出来时，阅读者心底便不时掠过一阵阵寒凉。

粉房旁边的小偏房里，住着胡姓一家赶大车的，老少三辈，终年生病的老太太，两个儿子，两个儿媳妇，两个孙子，一个孙媳妇。"老胡家人旺，将来财也必旺。""再过五年看，不是二等户，也是三等户。"但是团圆媳妇进门，噩梦就开始了。由开场的围观，"黑乎乎的，笑呵呵的"，健壮的女孩，正一步一步走向死亡的深渊。"没过几天，那家就打起团圆媳妇来了，打得特别厉害。"她的婆婆在井边饮马，和周三奶奶说："我回去还得打她呢，这小团圆媳妇才厉害呢！没见过，你拧她大腿，她咬你；再不然，她就说她回家。"后来越打越厉害，不分昼夜地折磨，彻夜地哭泣，"到了冬天，这哭声才算没有了"。

团圆媳妇被打坏了，院子西南角上又跳起大神来。她婆婆的解释是，"她来到我家，我没给她气受。哪家的团圆媳妇不受气，一天打八顿，骂三场。可是我也打过她，那是我要给她一个下马威。我只打了她一个多月，虽然说我打得狠了一点，可是不狠哪能够规矩出一个好人来。……有几回，我是把她吊在大梁上，让她叔公公用皮鞭子狠狠地抽了她几回，打得是狠着点了……全身也都打青了，也还出了点血。……人在气头上还管得了这个那个，因此我也用烧红过的烙铁烙过她的脚心。谁知道来，也许是我把她打掉了魂啦，……"看香，抽帖，都试过，都不见效。最后一回，在众目睽睽之下，被跳大神的，用热水烫了三次，彻底送上了绝路。"还没有到二月，那黑乎乎的，笑呵呵的小团圆媳妇就死了。"

老胡家的结局，小团圆媳妇死了不久，大孙子媳妇跟人跑了。奶奶婆婆后来也死了。两个儿媳妇，一个为着那团圆媳妇瞎了一只眼睛；另一个因为她的儿媳妇跟人跑了，半疯了。

后园磨房的磨官——冯歪嘴子，彻夜地打梆子，像那头毛驴一样，腿瘸了，也一样坚持在磨道里走，戴着笼嘴，遮着眼睛。除非一头栽倒，不会发生任何变化，这就是驴的命运，也是磨官的宿命。听他越到天明时分，梆子越敲得起劲，不禁让人悲从中来。这么一个没什么前途的拉磨的，竟有了喜事，找了一个女人，并生了儿子。在四下透风滴水成冰的磨房，被"我"发现了。实在没办法，磨官后来求救于祖父，祖父让他在磨房南头装草的房子暂时栖住。虽然是一样的透风,妇人孩子就猫在草窝里,可毕竟是一个遮风蔽雨的地方啊。这些情节,又让我们看到了人性慈悲和柔软的一面。

呼兰河城中,卖麻花的,卖凉粉的,卖豆腐的,开染坊的,开扎彩铺的……庸庸碌碌地活着,无声无息地死去。"假若有人问他们,人生是为了什么?他们并不会茫然无所对答的,他们会直截了当地不假思索地说了出来:'人活着是为吃饭穿衣。'再问他,人死了呢?他们会说:'人死了就完了。'"

人们领受着自古以来的四季循环、生老病死的法则,完全听天由命:"风霜雨雪,受得住的就过去了;受不住的,就寻求着自然的结果。那自然的结果不大好,把一个人默默地、一声不响地就拉着离开了这人间的世界了。至于那还没有被拉去的,就风霜雨雪,仍旧在人间被吹打着。"

譬如跳大神,这黑土地上长出的冶艳的红罂粟,充满了神秘的民间怪诞色彩。"这唱着的词调,混合着鼓声,从几十丈远的地方传来,实在是冷森森的,越听就越悲凉。……那鼓声就好像故意招惹那般不幸的人,打得有急有慢,好像一个迷路的人在夜里诉说着他的迷惘,又好像不幸的老人在回想着他幸福的短短的幼年,又好像慈爱的母亲送着她的儿子远行,又好像是生离死别、万分地难舍。"满天星光,满屋月光,人生何似,才有这样凄凉的夜?

"我"在这样的环境里,饱受浸润,耳熟能详,甚至也学了几句,"小灵花呀,胡家让她去出马呀……"这种无心无肺的吟唱,带了极大的嬉笑成分,也合乎孩童顽皮的特征。这也就像"火烧云"的片段,我们往往拿生活中光鲜的一面来极尽欣赏。那泪水和不堪,都被淡化和隐去了。正如这个孩童眼里的世界,除了淡淡的落寞,听到的多是笑声。那种种不幸和人间惨剧,经过黑土地粗粝的北风扫荡,"过了三年两载,若有人提起那件事来,差不多就像人们讲着岳飞、秦桧似的,久远得不知多少年前的事情似的。"死者长已矣。对于活着的人来说，不喜又如何！

老胡家的大孙子媳妇，笔墨不多，给小团圆媳妇合药的半斤猪肉，她能偷偷匀出一点给奶奶婆婆做碗面疙瘩汤，并嘱咐别声张，"你老人家吃就吃吧，反正是孙子媳妇给你做的。"这么一个人物，最后的结局却是跟人跑了。其实在这个人物身上，有萧红自己的影子，她1911年生于黑龙江呼兰县（今哈尔滨市呼兰区）一个地主家庭，当年逃婚离开家庭，走上半生漂泊之路，足迹遍布北京、青岛、上海、武汉、香港和日本东京等地。"在那个时候，烽火漫天，居无定所，爱国爱人都是一件很艰难的事。而她又是个爱得极切的人，正因如此，她受伤也愈深。"（《斯人寂寞》小思）1942年萧红病逝于香港，年仅31岁。

萧红洞察生活于贫困小城的底层民众的性格，她熟悉了解这些性格，这些都是中国民族性的重要组成部分，她用了相当恳切的感情，不留有余地的态度，把这种沉潜入骨的病根挖了出来。茅盾1946年为《呼兰河传》作序，表现出对萧红的理解："她又同情他们：她给我们看，这些屈服于传统的人多么愚蠢而顽固——有的甚至于残忍，然而他们的本质是良善的，他们不欺诈，不虚伪，他们也不好吃懒做，他们极容易满足。"

呼兰河，一条苦难的河，悲怆，低沉，凝重。呼兰河，充满着作家的热爱和她的留恋，她的梦，她的诅咒。它就是这么一个爱恨交织的、复杂难言的、无可奈何的所在。

一曲深沉的生命咏叹

——《秋天的怀念》备教随笔

语文课标重视学生朗读能力的培养，七年级统编版教材第一学期就规划设计了多种朗读方法和策略指导。第一单元目标要求，提出强调重视朗读，把握重音和停连，在朗读中揣摩和品味语言，感受汉语声韵之美。选入课本的《秋天的怀念》一文，就是一篇值得以朗读的方式来细细品赏的经典美文。

史铁生是当代文坛一位特殊的作家，他双腿瘫痪，又长年患病，一直在和病魔抗争，这种遭遇使他的作品带有一种独特的气质。让我们乘着朗读的翅膀，追踪阅读美点，向《秋天的怀念》文本更深处漫溯，跟随史铁生一起感受母爱的光辉，感悟生命的启迪。

一、人物对白，幽微曲折，痛彻心扉

文中正式的人物对话出现了两次，都是母子正面交流的场景，也是人物情绪冲突、纠结，情感激烈交锋的环节。一次出现在开头第一段：

"听说北海的花都开了，我推着你去走走。"她总是这么说。……"不，我不去！"我狠命地捶打这两条可恨的腿，喊着："我可活什么劲儿！"母亲扑过来抓住我的手，忍住哭声说："咱娘儿俩在一块儿，好好儿活，好好儿活……"

开头这几句对话，可谓先声夺人。史铁生初中毕业后，于1969年到

陕北插队落户，1972年因双腿瘫痪转回北京。二十刚出头的年纪，一个七尺男儿，却不能站立。这是一种肉体和心理的双重摧残。看不到一丝未来的亮色，人沦落在无底的深渊，这种打击不论对谁都是毁灭性的。甜美动人的歌声、自由翱翔的雁阵，这些反讽一样的意象，足能击垮一个人生存的全部信心和希望。"脾气变得暴怒无常"，我们不难理解这种遭遇之下心灵的变态扭曲。"不，我不去！""我可活什么劲儿！"这是一种声嘶力竭的不甘，是悲怆绝望的呼喊。母亲的语调，则是压抑和克制，赔着小心地讨好："听说北海的花都开了，我推着你去走走。"忍住哭声的劝慰："咱娘儿俩在一块儿，好好儿活，好好儿活……"重压和折磨，先让母亲自塑为一个强者，纵是身体单薄，也要全力为儿子擎起遮蔽风雨的保护伞。苦难和厄运面前，跟儿子坚定地站在一起的，还是母亲。

母亲小心翼翼地试探、征询和安抚，儿子回应的却是狂暴粗鲁的拒绝、怒吼和宣泄，这是一种怎样的失衡和不对等啊，可怜天下慈母心！

在这段人物对白中，儿子是悲伤无助的，母亲是强颜欢笑、强忍哭声的。朗读时，要读出"我"的委屈和绝望，要读出母亲的压抑和坚定。这一番对话，如平地起波澜，是疾风骤雨式的，狂躁失态和饮恨吞声的咬牙坚持是交织在一起的。

另一次对白出现在第三段：

"北海的菊花开了，我推着你去看看吧。"她憔悴的脸上现出央求般的神色。"什么时候？""你要是愿意，就明天？"她说。我的回答已经让她喜出望外了。"好吧，就明天。"我说。她高兴得一会儿坐下，一会儿站起："那就赶紧准备准备。""哎呀，烦不烦？几步路，有什么好准备的！"她也笑了，坐在我身边，絮絮叨叨地说着："看完菊花，咱们就去'仿膳'，你小时候最爱吃那儿的豌豆黄儿。还记得那回我带你去北海吗？你偏说那杨树花是毛毛虫，跑着，一脚踩扁一个……"她忽然不说了。对于"跑"和"踩"一类的字眼儿，她比我还敏感。她又悄悄地出去了。

看花的请求，母亲表现出的是"央求般"的神色。母亲是一个爱花的人，但她侍弄的花都枯萎死掉了。这里的邀约赏菊花，除了排解儿子的郁闷心情外，应该没有其他任何目的。"什么时候？"这是冷冰冰的干巴语气，是没有什么情感色彩的敷衍。短句的应答，多一个字都不肯说。当"我"懒散地答应了母亲的请求，母亲百般小心期盼的愿望实现了，对她来说，这是多少回无情拒绝之后的珍贵回应啊，所以母亲"喜出望外"地做出快速回应："那就赶紧准备准备。"接下来聊家常，母亲难得的"笑了"，并像所有的母亲一样唠叨回顾起美好往事来。但是乐而忘形，母亲说到"你偏说那杨树花是毛毛虫，跑着，一脚踩扁一个……"戛然而止，这里出现了凝重的沉默和冷场，我们可以想象母亲是怎样的神色大变，难堪不安。"跑""踩"这些字眼儿，岂止是"我"的"敏感"，那都是插在母亲心头的刀。"她又悄悄地出去了。"这种不再言语，默默退出，是一种怎样的克制，母亲的心在泣血啊。

朗读时要仔细揣摩人物矛盾的心理活动，在这一段中，包含了小心翼翼、冷清淡漠、喜出望外、深情热烈、弦断音绝等多种复杂心情，注意这些情绪的准确把握，做好语气的细腻传达。

如果再挖掘，还有另外两处人物语言。一是别人转述的，母亲昏迷前的最后一句话："我那个有病的儿子和我那个还未成年的女儿……"母亲临终最放心不下的还是一双儿女，心中唯独没有她自己。二是文章结尾："我懂得母亲没有说完的话。妹妹也懂。我俩在一块儿，要好好儿活……"母亲没有说完的，母亲已经说过的，像回音一样萦绕心头，通过"我"来重复，此时无声胜有声，使文章达到了情感升华的效果。同样是人物语言，文中呈现的时机和方式富有变化。前者在朗读时要读出母亲满怀不舍、溘然长逝的留恋和挂牵，后者则应以平缓语调读出坚定的意味。

二、细节描写，见微知著，意味深长

文中有多处细节刻画，如："母亲就悄悄地躲出去，在我看不见的地方偷偷地听着我的动静。""悄悄地""偷偷地"这些词语，描写母亲虽然人躲出去了，心却一直系在儿子身上。"母亲喜欢花，可自从我的腿瘫痪后，她侍弄的那些花都死了。"喜欢花的人一定是爱美的人，是热爱生活的人，是什么原因让那些花"都死了"？一方面，母亲生活的重心都转移到儿子身上，早没有了打理花的心思。另一方面，也暗示母亲的生命之花在快速走向枯萎凋落。花，包括后面出现的菊花，或"淡雅""高洁"，或"热烈而深沉"，或"泼泼洒洒"……都是一种生命的隐喻。在这里，花能解语，花能通神，人的喜怒哀乐，兴衰寿夭，都投射在了花的身上。

再如："那天我又独自坐在屋里，看着窗外的树叶'唰唰啦啦'地飘落。母亲进来了，挡在窗前……"树叶飘落这一细节，颇能引发人的悲秋情结，此时母亲进来，"挡在窗前"，并用话岔开儿子的注意力，这一举动，极其细微，显示出母亲的良苦用心。

母爱是世间最伟大的情感之一，爱的方式又各有不同。艰难境遇下的超常选择，更加显示出这种爱的博大、细腻和深沉。现实生活中，我们往往钝化了这份感觉，疏于对种种细节的捕捉和体认，认为一切都是司空见惯的平常，一切都是顺理成章的应该。"树欲静而风不止，子欲养而亲不待"，当一切过去，蓦然回首，再去回味，就变成了难言的忏悔和痛楚的追忆。

一篇文章，摄人心处，全在细节，这是朗读时尤其不能轻忽的地方。

三、精巧结构，一波三折，跌宕起伏

文章结构跌宕起伏，感情基调也随之流荡婉转、汹涌澎湃。开头的狂躁暴怒甫定，第二段补叙一笔，文风转而低沉，交代"我"不知道的事实："她常常肝疼得整宿整宿翻来覆去地睡不了觉"。第三段才上演母子和谐交谈的轻松场面，又突然噤声跌落至难挨的沉寂。第四段，则是一个过渡句："她出去了，就再也没回来"，情节突降急转，在"我"的情绪向好有转机的时候，竟走向母子永别。第五、六段，写母亲抱着终生遗恨，撒手人寰。世界上那个最爱"我"、最懂"我"的人，永远地去了。最后一段，是历经惊涛骇浪的复归平静，生命成熟沉淀后，走向自我反省，"好好儿活"既是对开头母亲劝慰的照应，又是"我"重拾信心勇气的承诺，展示出一种悟透生命真谛之后的安然、平淡和豁达……七个文段，读来竟如乘坐过山车，忽而跌落谷底，忽而抛向山巅，忽而在黑暗的隧道摸索，忽而在宁静的湖面滑行。

文中还有多处对比的运用："不去"看花和"明天"就去的前后对比；"我"的没心没肺与母亲的周到细致、无私包容、慈爱隐忍对比；"我"的小时候与现状的对比，"我"前后变化的对比；母亲的"花"与北海的"菊花"的对比；一句关键语句"好好儿活"在首尾两处的对比……这些或明或暗的巧妙对比，表现出作者灵活驾驭文字的水平。

文章短短七个段落，穿针引线，绵密灵动，开合有度，作者匠心经营而不着痕迹。朗读时要注意这些对比映照的特点，以保持全文感情基调的前后贯通、和谐一致。

《秋天的怀念》语言朴实，含蓄，有韵味。如同平静的水面下，隐藏着深深的海洋，那里有灼热的熔浆，有激荡的漩涡，有斑斓丰富的生命样态。华语文学传媒大奖 2002 年度杰出成就奖颁奖典礼上对史铁生如此评价："他的写作与他的生命完全同构在了一起，在自己的'写作之夜'，他用残缺的身体，说出了最为健全而丰满的思想。他体验到的是生命的苦难，表达出的却是存在的明朗和欢乐，他睿智的言辞，照亮的反而是我们日益幽暗的内心。"

有人说中国戏曲有两种形式：一种是案头戏曲，文本的戏文，这是呆板的描述；另一种是场上戏曲，这是活生生的演员表演的立体感很强的戏曲。阅读也是如此，一种是默看，一种是朗读。学习《秋天的怀念》这样的好文章，如同欣赏一曲生命的咏叹调，要探究展现其全部美学价值，最好的办法就是朗读起来。

以朗读切入文本，驾起朗读的小舟，发挥声音的穿透力、感染力和表现力，在文字的深水里多试探几回，必能走向文本乃至作者心灵腹地的更深处。

培植自己的"妙有之花"

——读《教师花传书》

这个清奇的书名是吸引我去阅读本书的原因之一。书名源于《花传书》。《花传书》即《风姿花传》，是日本能剧演员、谣曲作家世阿弥所著的能剧理论书，以其父亲观阿弥教导为基础，加上自身对技艺的理解著述而成。此书在15世纪初完成，内容包括能剧的修习法、表演心得、演技论、演出论、历史、能剧的美学等。这是一本能剧技艺理论，也是日本美学的古典作品。最早是以手抄本形式秘传，直到20世纪初才公之于众。

"花是心，种是技。"讲究身与心的构造，基于体验的，是在场的方式，具有与某种对象相关的意味。将艺术表现比喻为"花"，技比喻为"种"。世阿弥记述了各个阶段"练功"的方法和心得，核心在于说明如何追求让艺术之美的"花"，达到"妙花"幽玄之美的最高境界。

"微风下，心与心的传承即为花，故名为'风姿花传'。"佐藤学《教师花传书》就是传承《风姿花传》的这种精神，指出教师洗练教学形成"妙花"的"心"（思想、哲学）以及"种"（基于体验的身体技法、智慧）的方法。此书为作者记录了诸多课堂观察实例，形成了一套独到的实践哲学，堪称指导教师业务成长的"秘籍"。

书中有这样一个案例，这是山梨县久那土小学古屋老师的一堂"成功养蚕"课，当天有一百多名与会教师。学校走廊里有全套的养蚕工具，并养了一百多条蚕。教师课前下发了自己编印的《养蚕的一年》《成功养蚕法》等手册，课未正式开始前，所有人就已经兴致勃勃地讨论开了。这里建立了真正的"学习共同体"，师生、听课的同伴，甚至家长，都投入其中。以下是一名与会家长的反馈：

"我也忘记了年龄，如同小学三年级学生一样参与到课堂中来。我从孩子们身上学到了很多，这令我惊讶。我想我会更多地参与到教学中来。虽然身为祖母，但我想同三年级学生一样一起投入学习。"

其实，古屋老师的课堂设计很简单：第一段，学生阅读教材，遇到疑问互相交流；第二段，展示山神社供奉纸，了解上面所画人物的各种愿望；第三段，展示纸张幕的骏马图，让学生讲述姑娘与马相恋的《马女婚姻谭》，了解养蚕的历史故事和传说。学习时空的扩展，让课堂中的学习从根源上充满了活力。

这是一堂主题—探究—表现型单元学习的典范，运用的方法是倾听—串联—反刍。在这样的课堂中，教育者角色发生了转换，成了积极的学习者。

教师的人生就是持续学习的人生。向儿童学习，向教材学习，向同事学习，向社区学习，从自身的经验中学习，正是这种持续学习的步伐，构成了教师的人生。这样的人生步伐极其稳健，是通过认认真真的实践积累而成的。

此书给予我们诸多有益的启发，促使我们不断审视和反思自己的教育现状。

启示之一：关于课堂。从实践中学习生活的常识、生存的技能，在劳动中学会劳动。在真实的情景中，让学生在多重的"对话"实践中学习。这如同苏霍姆林斯基在帕夫雷什中学创建的那个少年探险家俱乐部，一间布置成轮船船舱的旧家舍，取名为"北方鲁滨孙号"，在此读著名探险家的书籍，绘制想象中新发现的地图，做考察队和陆地探察者的游戏。

在此学校生活学习过的几代人都留下了终生难忘的印象。为加强实践，苏霍姆林斯基还鼓励学生暑假中回家开康拜因、拖拉机。梭罗在《瓦尔登湖》中，也有一些有趣的描写：怎么？自己已经从海洋船舶专业毕业了？（学校里没有学习任何有用的东西就毕业了）让一个人学习船舶知识，只要将他放到港口生活一段时间，自己去感受、观察，就能掌握全部的知识。一个冶金专业的学生，是自己找矿石，自己尝试冶炼，自己做成小刀……还是从有钱的父亲那里索取一把高档小刀，哪个更容易割伤手指？

此书中的案例给我们的启示：动手，实践，在生活中学习知识，才是活的知识。我们却有不少人热衷将学生关入教材的象牙塔。

启示之二：关于教师。此书的鲜明特色之一，在于反复阐述当代教师教育改革的一个重要命题——教师必须是"工匠性"与"专业性"兼备的专家。这是因为"教师的工作既有匠人的一面，也有专家的一面。……作为匠人，教师的世界是由'熟练的技能''经验''直觉或秘诀'构成的，而作为专家，教师的世界则是由'科学的专业知识''技术''反思与创造性探究'构成的。匠人是通过'模仿'与'修炼'来学习的，而专家则是通过'反思'与'研究'来学习的。"

促使教师突破角色固化，实现身份的过渡和转变，从"技术熟练者"成长为"反思性实践者"。作者欣赏并享受教师的这种双重身份，并不断地从中找到了乐趣："与所面对的学生直接相关的研究，越专注于此，越感到这就是每天的教学应该研究的事情。这是在探求教育的原点。不断砥砺真正必要的东西，下决心剔除不必要的东西。这是教师的生活方式。"

启示之三：关于教研。作为课例研究人，比如教研员身份，不应当仅仅是坐在教室里的那个人。不在前面，不在后面，也不在侧面。那么在哪里？化作其中一员，融在即时情境的教师和学生之中。就是要求观察者须带上老师和学生的眼睛，以执教者的视角和学习者的视角进入课堂。书中有案例写道，研究者甚至要像实习生一样上一遍课。

"我们在听学生发言的时候，不能仅仅只理解发言的表面意义，而是有必要从以下三个方面来认识其中的隐性的关联：学生发言或言语与内容之间有怎样的关联？与其他的学生之间有着怎样的关联？与学生自身之前的思考或发言有着怎样的关联？"

逼近课堂生发的真实过程，寻找师生眼里的课堂，在切身感受体验中品咂课堂。这种独特视角的转换，给我们改进教研形式带来了很大的启发。观察者不能仅仅给予"好"或者"不好"的评价或建议，而是旁观者、评判人，要变身为执教者的"同僚"，是师生最贴心的伙伴之一。由此课堂与你水乳交融，其现状、改观、研究、提升，都成为与你息息相关的分内事。

《教师花传书》这本薄薄的小书，给我们的教益远不止如此。最重要的一点是，作为教师，尤其是走向成熟的教师，不但要成为"教"的匠人，而且应当成为"学"的专家，不断加强"技"与"心"的修炼。在乱花迷眼的喧嚣中，不断校正、回归自身应处的位置，专注于自己的工作，探索专业成长的方法，一心一意走到"妙有之花"的创造之路上来。

重读《繁星·春水》

近日重新翻阅冰心的《繁星·春水》，这个诗集子，薄薄的一小册，内文增加了四篇小说和五篇散文，仍然显得薄薄的。但是捧读每一页，内心都充满了温暖和感动。字句清新隽永，如春风缕缕扑面而来，如波浪轻轻抚慰心弦。因为短，所以在两天之内就通读完了。掩卷回味，齿颊留香。

短，是这个小册子的突出特点。全书很薄，每篇都是小诗，长者十余行，短者三五行。如"青年人呵！／为着后来的回忆，／小心着意的描你现在的图画。"（《繁星·一六》）"幸福的花枝，／在命运的神的手里，／寻觅着要付与完全的人。"（《繁星·二〇》）"心灵的灯，／在寂静中光明，／在热闹中熄灭。"（《繁星·二三》）"诗人，／是世界幻想上最大的快乐，／也是事实中最深的失望。"（《繁星·二七》）"弱小的草呵！／骄傲些罢，／只有你普遍的装点了世界。"（《繁星·四八》）"风呵！／不要吹灭我手中的蜡烛，／我的家还在这黑暗长途的尽处。"（《繁星·六一》）"芦荻，／只伴着这黄波浪么？／趁风儿吹到江南去罢！"（《春水·四》）"南风吹了，／将春的微笑／从水国里带来了！"（《春水·一一》）"先驱者！／你要为众生开辟前途呵，／束紧了你的心带罢！"（《春水·二二》）

而更短的诗句，只有两句。如："我们都是自然的婴儿，／卧在宇宙的摇篮里。"（《繁星·一四》）"白的花胜似绿的叶，／浓的酒不如淡的茶。"

（《繁星·一五五》）"沉默里，/充满了胜利者的凯歌！"（《春水·一五》）"山头独立，/宇宙只一人占有了么？"（《春水·二〇》）"吹就雪花朵朵——/朔风也是温柔的呵！"（《春水·二五》）"大风起了！/秋虫的鸣声都息了！"（《春水·二七》）"秋深了！/树叶儿穿上红衣了！"（《春水·三八》）"旗儿举正了，/聪明的先驱者呵！"（《春水·四四》）这些短短的诗句，能轻轻地激荡读者的心弦，富含哲理，耐人寻味。

即使这本小书的两个序言，也是精短的范例。《繁星》的"自序"中写到，1919年冬夜，诗人与弟弟冰仲围炉读泰戈尔的《迷途之鸟》，弟弟建议可以如泰戈尔这样将零碎的思想收集起来，从而开始"有时就记下在一个小本子里"；1920年夏日，二弟冰叔从书堆里翻看，又写了"繁星"两个字在第一页上；1921年秋日，小弟冰季问："你这些小故事，也可以印在纸上么？"于是就又写下最后一段，发表了。"两年前零碎的思想，经过三个小孩子的鉴定"，就这样出炉了。"序言"就这么简单的四小段。来龙去脉，交代得明明白白，真是清澈透底！

而《春水》的"自序"更简洁，是这样一首小诗："母亲呵！/这零碎的篇儿，/你能看一看么？/这些字，/在没有我以前/已隐藏在你的心怀里。——录《繁星》一二〇"。

诗歌多是围绕"童真·母爱·大自然"这一永恒主题来写的。

写小孩子的诗篇特别多。"小弟弟呵！/我灵魂中三颗光明喜乐的星，/温柔的，无可言说的，/灵魂深处的孩子呵！"（《繁星·四》）"小孩子！/你可以进我的园，/你不要摘我的花——/看玫瑰的刺儿，/刺伤了你的手。"（《繁星·一五》）"万千的天使，/要起来歌颂小孩子；/小孩子！/他细小的身躯里，/含着伟大的灵魂。"（《繁星·三五》）"婴儿，/是伟大的诗人，/在不完全的言语中，/吐出最完全的诗句。"（《繁星·七四》）"小弟弟！/你恼我么？/灯影下，/我只管以无稽的故事，/来骗取你，/绯红的笑颊，/凝注的双眸。"（《繁星·八三》）"青松枝，/红灯彩，/

和那柔曼的歌声——／小弟弟！／感谢你付与我，／寂静里的光明。"（《繁星·一六二》）"弟弟！／且喜又相见了，／我回忆中的你，／哪能像这般清晰？"（《春水·六一》）"婴儿，／在他颤动的啼声中／有无限神秘的言语，／从最初的灵魂里带来／要告诉世界。"（《春水·六四》）"笠儿戴着，／牛儿骑着／眉宇里深思着——／小牧童！／一般的沐着大地上的春光呵，／完满的无声的赞扬，诗人如何比得你！"（《春水·一五三》）"婴儿！／谁像他天真的颂赞？当他呢喃的／对着天末的晚霞，／无力的笔儿，／真当抛弃了。"（《春水·一八〇》）在这些诗中，小孩子的一颦一笑，一举一动，都是那么可爱，童真童趣里，充满着人世间原初的美感。字里行间洋溢着诗人对孩童的一腔挚爱和赞颂，饱含了诗人无尽的怜惜。

冰心童年时代记忆所及的母亲，是个"极温柔，极安静的女人，不是作活计，就是看书，她的生活是非常恬淡的"（《我的童年》）。母亲对冰心产生了深刻的影响。写母爱的，"母亲呵！／撇开你的忧愁，／容我沉酣在你的怀里，／只有你是我灵魂的安顿"（《繁星·三三》）。"母亲呵！／我的头发，／披在你的膝上，／这就是你付与我的万缕柔丝。"（《繁星·八〇》）"母亲呵！／天上的风雨来了，／鸟儿躲到它的巢里；／心中的风雨来了，／我只躲到你的怀里。"（《繁星·一五九》）母亲的怀抱，是能让人铭记一辈子的幸福港湾。在母爱光辉的笼罩下，世间所有孩童的心中都是一片安静和祥和。在这些诗句中，诗人写出了对母亲的留恋和讴歌。

写大自然的诗篇，以对大海的描写最多。冰心在《往事——生命历史中的几页图画（一）》中写道："在别人只是模糊记着的事情，／然而在心灵脆弱者，／已经反复而深深地／镂刻在回忆的心版上了！／索性凭着深刻的印象，／将这些往事／移在白纸上罢——／再回忆时／不向心版上搜索了！""将我短小的生命的树，一节一节斩断了，圆片般堆在童年的草地上。我要一片一片的拾起来看；含泪的看，微笑的看，口里吹着短歌的看。"而第一个厚的"圆片"就是大海。冰心有一个当海军将领的父亲，她从小随父亲生活在烟台海边，海的浩渺雄浑，造就了她博大壮阔的胸襟。她与大海朝夕相对，海边的一草一木，于她而言，都有无限亲切的感觉。她常常独步沙滩，看潮来的时候，仿佛天地都飘浮了起来；潮退的时候，仿佛海岸和自己都被吸卷了去。"海的西边，山的东边，我的生命树在那里萌芽生长，吸收着山风海涛。每一根小草，每一粒沙砾，都是我最初的恋慕，最初拥护我的安琪儿。"如她在诗中所说，"坐久了，/推窗看海罢！/将无边感慨，/都付与天际微波。"《繁星·九〇》"哪一次我的思潮里，/没有你波涛的清响？"（《繁星·一三一》）

童年时期，冰心的家总是邻近海军兵营或者海军学校，四周没有同龄的玩伴，她"没有玩过'娃娃'，没有学过针线，没有搽过脂粉，没有穿过鲜艳的衣服，没有戴过花"，环境把童年的诗人"造成一个'野孩子'，丝毫没有少女的气息"。诗人与海军将士交往，学骑马，服男装，着军服，童年的这段难忘的生活，无忧无虑，时间久了，她也对大海的神秘、扑朔迷离产生了好奇和思考，不时发出一连串的叩问："我的朋友！/你曾登过高山么？/你曾临过大海么？/在那里，/是否只有寂寥？/只有'自然'无语？/你的心中/是欢愉还是凄楚？"（《繁星·一三五》）大海这个"圆片"重叠着诗人无数"快乐的图画，憨嬉的图画，寂寞的图画，和泛泛无着的图画"。

这使得她的笔下，经常出现大海和父亲的形象："父亲呵！/我愿意我心，/像你的佩刀，/这般的寒生秋水！"（《繁星·八五》）"澎湃的海涛，/沉黑的山影——/夜已深了，/不出去罢。/看呵！/一星灯火里，/军人的父亲，/独立在旗台上。"（《繁星·一二八》）诗人对父亲的爱上升为一种崇敬和仰慕，甚至爱屋及乌，连同父亲的海，也是她赞美向往的对象："父亲呵！/我怎样的爱你，/也怎样爱你的海。"（《繁星·一一三》）"海波不住的问着岩石，/岩石永久沉默着不曾回答；/

然而它这沉默，/已经过百千万回的思索。"（《繁星·一一六》）"荡漾的，是小舟么？/青翠的，是岛山么？/蔚蓝的，是大海么？/我的朋友！/重来的我，/何忍怀疑你，/只因我屡次受了梦儿的欺枉。"（《繁星·一二六》）

"万顷的颤动——/深黑的岛边，/月儿上来了，/生之源，/死之所！"（《繁星·三》）"故乡的海波呵！/你那飞溅的浪花，/从前怎样一滴一滴的敲我的磐石，/现在也怎样一滴一滴的敲我的心弦。"（《繁星·二八》）"创造新陆地的，/不是那滚滚的波浪，/却是它底下细小的泥沙。"（《繁星·三四》）"儿时的朋友：/海波呵，/山影呵，/灿烂的晚霞呵，/悲壮的喇叭呵；/我们如今是疏远了么？"（《繁星·四七》）"渔娃！/可知道人羡慕你？/终身的生涯，/是在万顷柔波之上。"（《繁星·六七》）"父亲呵！/出来坐在月明里，/我要听你说你的海。"（《繁星·七五》）"早晨的波浪，/已经过去了；/晚来的潮水，/又是一般的声音。"（《繁星·七九》）"小岛呵！/何处显出你的挺拔呢？/无数的山峰，/沉沦在海底了。"（《春水·二四》）"晚霞边的孤帆，/在不自觉里，/完成了'自然'的图画。"（《春水·四二》）"山有时倾了，/海有时涌了。/一个庸人的心志，/却终古竖立！"（《春水·四五》）

如果认为冰心的诗作只是囿于自然、儿童、母爱的主题，那就错了。因着诗人的早慧，在与自然的对照中，在爱的体悟中，对生命甚至死亡引发了较早的认识和喟叹。面对黑暗的大海和闪烁的灯塔，"幼稚的心，也和成人一般，一时的光明朗澈"，她遐想，她深思，她数着灯光明灭的数儿，数到第十八次。"对着未曾想见的命运，自己假定的起了怀疑。——'人生！灯一般的明灭，飘浮在大海之中。'——我起了无知的长太息。"

跟随父亲生活的童年时代，接触的是大海、军舰、像父亲一样"裘带歌壶，翩翩儒将"的军人，冰心幼时的理想，就是想学父亲，学父亲的那些好友，做他们的追随者。然而到了十一岁回到故乡福州，生活起了很大变化，用她自己的话说："我也不能不感谢这个转变！十岁以前的训练，若再继续下去，我就很容易变成一个男性的女人，心理也许就不会健全。"童年的经历留存在她性格上的，第一是对人生态度的严肃，她喜欢整齐、有纪律、清洁的生活，"我怕看怕听放诞、散漫、松懈的一切"。她尊敬生命，热爱生命，喜欢爽快、坦白、自然的交往，对于人类没有怨恨，并且觉得"许多缺憾是可以改进的，只要人们有决心，肯努力"。所以，在她的诗集中，我们发现有不少的篇章，是对于青年人的希望和告诫："我的朋友！／倘若春花自由的开放时，／无意中愁苦了你，／你当原谅它是受自然的指挥的。"（《春水·七三》）"青年人！／只是回顾么？／这世界是不住的前进呵。"（《春水·八七》）"当青年人肩上的重担／忽然卸去时，／他勇敢的心／便要因着寂寞而悲哀了！"（《春水·一〇〇》）"青年人！／你不能像风般飞扬，／便应当像山般静止。浮云似的／无力的生涯，／只做了诗人的资料呵！"（《春水·三》）"红墙衰草上的夕阳呵！／快些落下去罢，你使许多的青年人颓老了！"（《春水·一七》）"青年人！／从白茫茫的地上／找出同情来罢。"（《春水·三四》）"信仰将青年人／扶上'服从'的高塔以后，／便把'思想'的梯儿撤去了。"（《春水·六七》）"星星——／只能白了青年人的发，／不能灰了青年人的心。"（《春水·一一三》）"青年人！／觉悟后的悲哀／只深深的将自己葬了。／原也是微小的人类呵！"（《春水·一三一》）对青年的谆谆告诫，也是出于博爱的情怀。

冰心的这部诗集被茅盾称为"繁星格、春水体"，并称赞"在所有'五四'时期的作家中，只有冰心女士最属于她自己。她的作品中，不反映社会，却反映了她自己，她把自己反映得再清楚也没有"。大海，养育了冰心的童年，滋养了一颗纯挚的诗心。不论是满天的繁星，还是荡漾的春水，都可以放在大海的背景下去欣赏，海一样的博大，海一样的深邃，而它们的主题，都集中于一个，那就是"爱的哲学"。

2013年暑假,我到福州,去过"三坊七巷",在入口处即看见有"冰心故居"的标牌,本想游览回来的时候再参观一下,但是归途暮色西斜,闭馆时间到了,没有看成。四年后的 2017 年 7 月,有缘到烟台山,我略过山坡上树丛中那些花花绿绿的各国领事馆,独独仔细参观了"冰心纪念馆",那是她全部童年生活的所在。冥冥之中,算是一个小小的补偿吧。

苏轼在密州时,在《登常山绝顶广丽亭》中,发出"人生如朝露,白发日夜催"的感慨,于此,引用冰心的诗句来结束这篇小文:

"青年人,/珍重的描写罢,/时间正翻着书页,/请你着笔!"(《春水·一七四》)

走向田野

——《跟随佐藤学做教育》读后感

新冠肺炎疫情期间,为了响应诸城市教科院发起的读书倡议,本人阅读了陈静静等人著的《跟随佐藤学做教育》一书,主要认识和收获有三点,分享如下:

一、佐藤学是一个有理想情怀的田野实验者

佐藤学的观察和研究从来没有脱离一线。他从东京大学的象牙塔走出来,到过上千所城市和乡村的学校,深入每一个课堂,观察课堂中每一件微不足道的小事。他虽然几乎没有中小学教学的经验,但是对孩子的了解远超常人,深得不可思议,"他通过姿势、动作、表情、眼神可以看到孩子们的内心世界,了解他们的喜悦、痛苦、不安和矛盾"。

他重视一线实践的价值,他说:"学校与课堂观摩,从没有令人失望:总是直面众多的难题,不得不去展开求解多元高次方程那般复杂地思索,并从每日每时同这些难题格斗、孜孜以求地展开学习的儿童与教师身上,享受多样的感动。"

佐藤学有教育的理想情怀。他在日本如同标杆一样存在,很多学校都在他的影响下扭转了局面。目前日本参与他倡导的"学习共同体"改革的学校有3000所左右,领航学校有300所。佐藤学也遭遇过无数次失败与痛苦。他自我反思:做了20多年学校改革工作,前10年都是失败的。

他失望过,沮丧过,但是没有停止追求和研究。他认识到:"改革并非易事,人都是顽固的,都不愿意改变,但是每个人都在改革中扮演着不可或缺的角色。"

佐藤学是一个"行动的教育学者",他对教育理念的研究因为深入课堂而变得深刻细腻。他并不醉心于做"飞鸟",而是时刻保持"蚂蚁"一样的草根性。这也许是他受欢迎的一个原因。

我们也要踏踏实实地做一个教育田野的调查人。作为一名基层教研员,就得到学校中去,到学生中去,到教育发生的现场中去,进行实地勘察。

这是我从佐藤学身上学到的第一点。

二、让我们再次思考"教育是什么"的原命题

佐藤学观察小学生画画时感慨地说:"他们画得虽不算好,但是你看到了吗?每一幅画的构图都是不同的,他们实际上都是通过图画来表现自己的,而不是去临摹别人,这就是每个孩子的个性,这也是艺术的魅力。"

教育是对话和倾听的艺术。教师不仅要倾听孩子,还应该创造机会让孩子互相倾听,互相联系,让他们理解别人的想法和感受。但是,我们往往缺乏耐心。

教育即生长,生长就是目的。求知是每个人灵魂里面固有的能力。孩子就是孩子,他不是有待长成的大人。儿童有其自身的价值。

"将学生塑造成什么样的人",这种口号本身就有问题。塑造与被塑造,是成人文化的框定。学生自身的经验和文化不被关注,教学就是强制灌输、限定矫正、强力修剪,儿童本性被一次次无情抹杀,而至逐渐衰退。

卢梭说:"最重要的教育原则是不要爱惜时间,要浪费时间。"这听起来像谬论,他有自己的道理:"误用光阴比虚掷光阴损失更大,教

育错了的儿童比未受教育的儿童离智慧更远。"

让教育回归常识，回归自然，回归理性。

这是学习的第二点认识。

三、基于理想与现实的错位，学习也要量体裁衣

专家解决的是他们的问题，我们有我们的问题。他们的方法可以借鉴，不可以生搬硬套。

理论与现实之间，往往存在着一定的时间差。就像我们不能拿当前的标准评判古人一样。此一时，彼一时。学习也需要变通。

二十世纪六七十年代国际数学与科学趋势研究项目（TIMSS）刚开始调查时，日本的教师很多是大学毕业生，而美国和欧洲的教师还是高中毕业水平。现在美国中小学教师70%以上是研究生学历，高中校长还需要有博士学位。而日本中小学教师获得研究生学历的只有3%左右，高中教师有研究生学历的不超过10%。教师学历素质差别就是这么大。

PISA（国际学生评估项目）调查中，理科测评取得高分的多是发展中国家，如印度尼西亚、哥伦比亚。在这些国家里，学习是改变身份、提高社会地位的直接途径，排名越前，考取好学校、获得好工作的机会就越大。日本是发达国家，早已超出这个阶段，工作是自动化、智能化的，操作简单、灵活、方便，人们没有通过学习改变命运的意愿。

时间在变动，社会在发展，教育理念也在不断更新。学习借鉴先进理念，也要因地制宜、因时制宜，不可胶柱鼓瑟、生吞活剥。

这是阅读学习的第三点体会。

木兰：忠孝双全的女英雄

《木兰诗》是一首北朝民歌，歌颂的是一位替父从军的女英雄形象，千百年来传唱不衰。近日听过几位老师讲这篇课文，他们对文章的理解也仅限于此，难免有隔靴搔痒之感。本人认为对木兰这个形象的认识还不够深入，对其内蕴的挖掘还不够透彻。

那么在木兰这个艺术形象身上，有哪些美德值得我们重新认识呢？本人认为，木兰身上凝聚了中华传统美德中的"忠孝两全"，是伦理道德的最佳典型，反映了传统文化背景中的最高理想价值追求。

"昨夜见军帖，可汗大点兵"，军情十万火急，显然是强敌压境。可汗发出集结令，国难当头，匹夫有责，千家万户皆有关系。"军书十二卷，卷卷有爷名"，军书指征兵名册，十二卷是言其多，卷卷有爷名是夸张，言父亲应征，册上有名，千真万确也。"阿爷无大儿，木兰无长兄"，此二句言一事：家中父老子幼，支撑门户唯有木兰。衰老的父亲怎能去远征杀敌，可是国家的召唤又义不容辞。面对这双重的考验，木兰挺身而出："愿为市鞍马，从此替爷征。"木兰好女儿，替父从军有志气，实为对父亲的孝心与对国家的忠心之凝聚，亦为巾帼英雄本色之流露。赏析木兰形象，需将忠、孝两点联系起来看。

一是忠。深明大义，"军书十二卷，卷卷有爷名"，国难当头、民族危亡之际，勇敢地站出来，积极响应国家的号召，这是每一个国人应有的担当。杀敌报国，义无反顾。这种共赴国难的果敢决绝，对木兰来说是克服重重困难的艰难取舍。木兰毕竟是女儿身，女扮男装，上阵杀敌，闻所未闻，更显难能可贵。

"旦辞爷娘去，暮宿黄河边，不闻爷娘唤女声，但闻黄河流水鸣溅溅"，旦辞暮至，不必坐实为一日内之事，此言晓行夜宿，征途之长，行军之急。此四句展开了巨幅出征的情景。先言其情：一少女离开闺阁远赴沙场，不异于投入另一世界。旦辞爷娘，暮宿黄河，黄河激流溅溅之鸣声，代替了平日父母之亲切呼唤，这层层描写，将一女性出征后生活翻天覆地之变化、心态感受之新异，一一凸显出来。唯其如此，所以真实生动。再言其景：黄河边上，暮色苍茫之中，一位女战士枕戈待旦，这是十分苍凉而又悲壮的气概。此种气概，在中国诗史上亘古稀有。"旦辞黄河去，暮至黑山头，不闻爷娘唤女声，但闻燕山胡骑鸣啾啾"，此四句与上四句为一排比句，但意脉已大大发展。暮至黑山，言至而不言宿，暗示人物已迫近前线。不闻爷娘唤女声，但闻燕山胡骑鸣啾啾，说明战斗即将打响，亦意味着木兰不得不抛弃昔日之儿女情怀，从此将在战争中百炼成钢。她的奔赴战场，勇于担当，是出于爱国、爱家的责任感。没有国，哪来的家？这种舍小家顾大家的大义凛然，正是中华民族的优秀传统。"朔气传金柝，寒光照铁衣"，短短两句写尽战争环境的恶劣，战事的残酷。苦尽甘来，终于凯旋。"将军百战死，壮士十年归"，对国家民族的忠贞，对朝廷国君的报答，历经九死一生，终于以胜利收场，可谓皆大欢喜。所以，木兰身上值得欣赏的第一点，就是赤胆忠心。

二是孝。对父母的孝，"阿爷无大儿，木兰无长兄，愿为市鞍马，从此替爷征"，木兰以女儿身，替父从军，难能可贵。当战争结束，"归来见天子，天子坐明堂"，论功行赏，木兰完全能够得居官位，骏马任骑。但是此时木兰想到的是父母，"木兰不用尚书郎，愿驰千里足，送儿还故乡"。她希望快快回到父母身边，承欢膝下，报答父母，侍奉父母，一时也耽搁不得。真是"富贵于我如浮云",在此表现了木兰对双亲极大的孝心。

　　木兰单单是个英雄人物,不足以让人铭记,英雄人物代不乏人,比比皆是;木兰是女的,也不能让人铭记,女英雄也不少见;木兰从军,大获全胜,而不贪恋富贵,毅然决然,回到父母身边,承欢膝下,尤其难能可贵。大团圆的美好结局,忠孝双全的完满取舍,是中国人心目中理想的化身,所以千百年来这个艺术形象才这么光彩照人,熠熠生辉。《木兰诗》的学习,探讨到这一点,方是切中肯綮,搔至痒处。

苏密州的那些花儿

大凡世间花鸟草木，皆能入诗，只为花可解语，鸟能依人，草木含情。孔子论《诗》："多识于鸟兽草木之名。"杜甫言："感时花溅泪，恨别鸟惊心。"李白说："名花倾国两相欢，常得君王带笑看。"张潮更是坦白直言："若无花月美人，不愿生此世界。"……花花草草成为文人墨客吟咏的对象，由来久矣。

非是诗人独爱，一则因它们是客观真实存在，构成了我们生存的自然环境；二是它们又与人物思想情怀密不可分，不但有了神识，还有了情趣。苏轼离开密州（今山东诸城）时，也留下了"二年饮泉水，鱼鸟亦相亲"（《留别雩泉》）的佳句，表达了他对这片热土的深情眷恋。

我们今天就来盘点一下苏轼知密州的诗文，重新欣赏一下那些有关花的诗句，随着苏密州的足迹看花去。

熙宁八年（1075）三月，来到密州的苏轼刚过了一个囫囵新年，阳春时节，出城送客。出了东门，翻过大华岭，视野一下开阔起来，远郊油碧，沃野无垠，铁沟河潺潺地流着，卢山正在逐渐返青。经过了一个寒冬，天气乍暖，惠风和畅。苏轼兴致勃勃，循水漫步。因时序尚早，除了向阳坡草稞里零星的荠菜和刚冒芽的"扎纫"（茅草幼芽，形似针，嫩而甜，能食），难得找到什么花朵。迎面碰到在田间劳作的农人，亲切地打着招呼。让我们尝试还原一下他们互致问候的情境。既然是山野父老，定不会有官腔，他们打着土语问讯："吃了吗，恁？"可以确定地说，就是这么一句常用语，不论是否刚吃完饭，还是距开饭时间尚早，千古不变，百灵百验。我们的父母官，当时经受着入仕以来头一回煎熬操持，从江南绮丽的"湖山之观"来此北方苦寒的"桑麻之野"，头年夏秋密州就遭了蝗旱之灾，当地百姓食不果腹，位高如苏轼本人，也是"斋厨索然"，"意且一饱"而不得，只能与同僚刘廷式等人沿古城根废圃采杞菊充饥。解决老百姓吃饭问题，是地方官员头等大事，生而为人，还有比一句"吃了吗"更亲切的问候、更真挚的关心吗？尤其是今冬雨雪调和，放眼川原，麦苗青青，一派丰收在望的喜兆。"我生百事常随缘"，苏轼是随便走到哪里都能积极融入，乐于跟百姓打成一片的主儿，对治下子民这样土味的问候，先是一愣，接着一定是乐呵呵地回应："吃啦，吃啦，恁也吃了吗？"山东父老说话，从来不会拐弯抹角，舌头一贯平直，像摽着杠子一样响亮质朴；而苏轼说话则是一口道地麻辣的"川味"……但这又有什么妨碍呢，方言不同，一点也不影响彼此心灵的沟通和对美好生活的共同向往。这和乐亲切的一幕，被苏轼如实地记录了下来："送客客已去，寻花花未开。未能城里去，且复水边来。父老借问我，使君安在哉。今年好风雪，会见麦千堆。……"（《出城送客不及步至溪上二首》）

实在是老天有眼，有这看得见的良田，可以预期的"麦千堆"，苏轼心里当然是极其安逸的，"春来六十日，笑口几回开"。比起刚到密州的所见所闻，所有的焦虑、烦恼，都可以暂置一边。诗人这是寻花吗？眼里寻的是花花草草，心里可是藏着苍生的痛痒，装着百姓的饭碗啊。这大白话的诗句，是真情流露，如一海碗白开水，淡，却真能解渴。无怪乎纪昀高度评价："二诗皆老笔直写，无根柢人强效之，便成浅率。"没有真性情的人，勉强模仿，学之反成效颦矣。

唐宋以来，世人皆爱牡丹，其被誉为花中之王、花之富贵者。世风如此，苏轼亦不能免俗。他将牡丹繁茂喻为"锦千堆",将牡丹盛开比为"美人粲笑"。本城有田姓、贺姓两位青年后生,也有爱花的癖好,为培植好花,甚至达到了不计成本的地步。二生雅慕苏轼所好,于初夏时节,热情地献上了亲手培养的牡丹花。其中贺生奉上了珍稀品种"魏花"三朵,"珍重尤奇品,艰难最后开",极是难得。苏轼感其殷殷真情,在诗作中表达了自己的由衷喜爱,惊艳所及,恍如自己也焕发了青春活力,甚至幻化出返老还童的一番遐想:"玉腕揎红袖,金樽泻白醅。何当镊霜鬓,强插满头回。"这一切,都保存在《谢郡人田贺二生献花》一诗中。本来名不出闾巷的二位献花乡人,也随苏诗名垂千古。因为诗的破题第一句,清清楚楚地标明了二位的姓氏、身份和居处:"城里田员外,城西贺秀才。不愁家四壁,自有锦千堆。"

苏轼不但爱花,还是惜花之人。他回忆起在杭州赏牡丹的盛况:"吉祥寺中锦千堆,前年赏花真盛哉。道人劝我清明来,腰鼓百面如春雷,打彻凉州花自开。沙河塘上插花回,醉倒不觉吴儿咍。"钱塘赏花,观者如山,苏轼推吉祥寺为第一。

来到密州后,又躬逢盛景,早听说城西古寺有老僧养的好花,苏轼不吝好词夸奖:"千枝万叶巧剪裁。就中一丛何所似,马瑙盘盛金缕杯。"而一句"而我食菜方清斋,对花不饮花应猜",这简直是独对妙人嘤嘤私语的甜腻表达了。这么解风情的人儿,怎会不对花畅饮呢?这里有一个原因,在《雨中花慢》一词小序中交代:"初至密州,以累年旱蝗,斋素累月。方春牡丹盛开,遂不获一赏。"原来持斋茹素期间,有着严格道德自律的知州大人,是一定不会耽于宴乐,盘游无度的。盛开牡丹的所在是城西龙兴古寺,苏轼压根就未涉足,对于那近在咫尺的国色天香,他只是心中念念不忘而已。所以,对于遭受雨雹袭击后的残枝败叶,他又表达了深深的疼惜,发出一声悠长的叹息:"夜来雨雹如李梅,红残绿暗吁可哀。"

世间竟有如此怜香惜玉之人！如果说菊遇陶潜，梅遇和靖，莲遇濂溪，各自成就了一段知音相得的风流传奇，那么牡丹遇东坡，也是一往情深，说苏轼是个不折不扣的护花使者，当不为谬吧？

苏轼还把欣赏好花的快乐感受，及时分享给亲朋好友。他在《答陈述古二首》中，介绍密州当地风情："城西亦有红千叶，人老簪花却自羞。"山东第二州，并非浪得虚名，如果嫌"枣林桑泊"不耐看，这千叶牡丹可是美得很，"我"见犹怜，真想摘来一朵插在鬓上呢。

熙宁九年（1076），芍药特盛，密州循旧俗，大会于南禅、资福两寺，以好花七千余朵供养佛祖。有千叶白芍药产自城北苏莒公禹珪家旧圃，品种稀有："正圆如覆盂，其下十余叶稍大，承之如盘，姿格绝异，独出于七千朵之上。"苏轼恶其名字伧俗，为之新命名曰"玉盘盂"，并作诗《玉盘盂二首》歌咏之："两寺妆成宝璎珞，一枝争看玉盘盂。佳名会作新翻曲，绝品难逢旧画图""花不能言意可知，令君痛饮更无疑。但持白酒劝嘉客，直待琼舟覆玉彝"。苏辙得闻此段佳话，立即做出回应，作诗《和子瞻玉盘盂二首》相庆："千叶团团一尺余，扬州绝品旧应无。赏传莒国迁钟虡，移忆胡僧置钵盂。""丰艳不知人世别，佳名新更使君诗。明年会看花尤好，剥尽浮苞养一枝。"

苏轼若真这么寻花逐柳，开开心心，那他不过是一个轻薄浮浪的花迷、花痴。这些，只不过让我们看到了他阳光的一面。遇到别样美景，他也会多愁善感，甚而也会黯然伤神。

他写给密州通判赵成伯的诗中，面对如花美景，感慨似水流年，化用刘希夷《代悲白头翁》诗的典故，"应问使君何处去，凭花说与春风知。年年岁岁何穷已，花似今年人老矣"（《留别释迦院牡丹呈赵倅》），表达了"年年岁岁花相似，岁岁年年人不同"的满腔情思。"世间好物不坚牢，彩云易散琉璃脆"，逝者如斯，千古一辙，读来不禁令人唏嘘。

物华焕新，百花盛开，对诗人昏昏终日的病体，都有一种幽微的引发和唤醒。"起行西园中,草木含幽香。榴花开一枝,桑枣沃以光。"看到花叶繁茂,鸟雀忘机,自然联想到人生的价值意义,对自我进行了反思:"杖藜观物化,亦以观我生。万物各得时,我生日皇皇。"(《西斋》)万物各得其所,独我病骨支离,"龙钟三十九,劳生已强半"。有志难伸,睹物伤神,悲从中来,念之让人由沉静至清冷,转而压抑。

清明时节,面对东栏盛开的满树梨花,苏轼在给继任孔宗翰的诗中写道:"梨花淡白柳深青,柳絮飞时花满城。惆怅东栏一株雪,人生看得几清明!"赏春触景,如果单是热热闹闹,花团锦簇,少了这样惜春、伤春的会心妙语,缺了人生苦短的警觉和自省,那就无异于肤浅空洞的观光游览。

密州,只是苏轼仕宦生涯中一个短暂的驿站。世间那么多花花草草,都被掩入历史的烟尘中。独有苏轼知密州的这段岁月,他以诗歌为载体,为这片土地上的花木做了记录和"保鲜",至今让我们展卷读来,仍觉枝叶摇荡,异香满室。时间还会一再证明,苏密州笔下的那些花儿,注定会生机勃发,永不枯萎。

一泓清泉照诗心

李清照，一代才媛。我们对她的认识，多是因其为婉约派大家。提及李清照，世人脑中自有一个婉约词人形象：性情温柔，体态弱弱，甚至带着几分病态。人们习惯将"帘卷西风，人比黄花瘦""倚门回首，却把青梅嗅""寂寞深闺，柔肠一寸愁千缕"等诗词中的主人公想象成一个愁眉不展、自怨自艾的小女子。除了精于小家碧玉式的猜书斗茶，儿女风情，好像再也没有什么特色了。

其实，如此符号化人物，武断粗暴，是对词人的一个误读。我要说李清照铁骨铮铮，剑胆琴心，有人必不相信。下面就来品味一下，欣赏其侠骨柔情的另一面。

李清照，号易安居士，齐州章丘（今山东章丘西北）人，"苏门后四学士"之一李格非之女，幼承家学。李格非苦心于辞章，曾论文章言："文不可以苟作，诚不著焉，则不能工。且晋人能文者多矣，至刘伯伦《酒德颂》、陶渊明《归去来辞》，字字如肺肝出，遂高步晋人之上，其诚著也。"她就是出生在这样的家庭中，家学渊源深厚，有才藻，非一般闺阁女性可比。十八岁时，嫁赵明诚。宋代诸城赵氏也是名门望族、文献世家，其父赵挺之曾拜尚书右仆射，至宰相。二人可谓门当户对、琴瑟相调，他们都酷好金石，搜讨之勤，积累之富，罕有其匹。

后金人入侵，避乱南方。不久赵明诚病逝，在辗转流离之中，所收藏文物丧失殆尽。李清照最终将赵明诚一生心血《金石录》整理成编。搜罗金石碑版，肯定不是为了金钱，而是因为研究的兴趣爱好。碑文是一门专门的学问。写碑文，旧有"谀墓文"的俗称，就是碑铭内容光说好话，于主人有妨碍的言辞通常不会出现在碑文中。这于国于家都是好事，能激人情思，催人奋进，是满满的正能量。

试想，他们夫妇天天在钟彝碑版中"展玩咀嚼"，天长日久，岂能不受其熏染浸润？他们还为宋室保存了一部孤本《哲宗皇帝实录》。李心传《建炎以来朝野杂记》记载："己酉南渡，国史散失，靡有孑遗。其后数下诏访求之……最后五年三月，始从故相赵挺之家得蔡京所修《哲宗实录》。"以一弱女子系国史存亡，较之蔡文姬，尤为难得。

孟子曰："颂其诗，读其书，不知其人，可乎？"家世背景、生活环境、人生遭遇，都是形成李清照胸怀家国、心系苍生的精神世界的众多条件。《红楼梦》中有"正邪两赋"二气之说，论天地生人，若生于公侯富贵之家，则为情痴情种；若生于诗书清贫之族，则为逸士高人；若生于薄祚寒门，必为奇优名倡。李清照生于诗书传家之豪门，当然兼具情痴情种和逸士高人的特质。

这出身论不足以证明其具备豪迈之气。我们还可以从她的诗词中来探寻其忧国忧民的一腔家国情怀。

李清照曾有一首《浯溪中兴颂诗和张文潜》。这里涉及两个名词：一个是中兴颂碑，一个是张文潜。

先说中兴颂碑，这是湖南省祁阳县西南湘江边上的一方唐代石刻。碑文《大唐中兴颂》由元结撰文，仿前代帝王"有盛德大业者，必见于歌颂"，记载安史之乱后，"地辟天开，蠲除妖灾，瑞庆大来"的大唐气象，"歌颂大业，刻之金石"，"盛德之兴，山高日升，万福是膺"，让人领略到唐王朝开拓奋发的气魄和国祚永昌的自信心。颂词高简古雅，义正词严，表现出忠肝义胆，是一篇难得的稀世雄文。后由颜真卿书丹，刻于浯溪摩崖，此时颜真卿书法进入成熟时期，达到了炉火纯青的境地。文字、书法加上这优美的地理环境，《大唐中兴颂》因此被称为"三绝碑"。元结一生作文无数，而掷地作金石声者，让后人记住的首数此篇；颜鲁公以忠烈为后世景仰，他的书法自成一家，为后人争相模仿，这中兴碑更是无数拥趸的书法之一；再加上浯溪一带优美的地理环境，文、字、景，三者但能得其一寓目，都是一种难得的审美享受。

中兴颂碑开凿三百年后，张耒就有这个缘分遇见，并题写了一首《读中兴颂碑》。张耒，"苏门四学士"之一，字文潜。《宋史》载："幼颖异，十三岁能为文，十七时作《函关赋》，已传人口。游学于陈，学官苏辙爱之，因得从轼游。"苏轼称其文"汪洋冲澹，有一倡三叹之声"。张耒笔力雄健，于骚词尤长，曾著论云："自《六经》以下，至于诸子百氏骚人辩士论述，大抵皆将以为寓理之具也。故学文之端，急于明理，如知文而不务理，求文之工，世未尝有也。"

张耒的这篇《读中兴颂碑》，吊古怀今，发百年兴废之感慨，表达了对前贤景仰之情。开头数句回顾安史之乱："玉环妖血无人扫，渔阳马厌长安草。潼关战骨高于山，万里君王蜀中老。金戈铁马从西来，郭公凛凛英雄才。举旗为风偃为雨，洒扫九庙无尘埃。"安史之乱，生灵涂炭，王师所指，扫荡妖氛，扶社稷于将倾，拯黎民于倒悬，中兴功臣，何其英武！

继而提到此碑的价值："元功高名谁与纪，风雅不继骚人死。水部胸中星斗文，太师笔下蛟龙字。天遣二子传将来，高山十丈磨苍崖。"上天开眼，庆幸有撰文和书写的这两位大手笔，留下了这段珍贵的历史，风流不绝，传之后世。

此诗和碑文的格调一脉相承，气势开张，胸襟磊落。张耒的诗作，可谓妙绝千古，跟中兴颂碑一起，共同变成了浯溪人文景观的一部分。

最后几句，写道："谁持此碑入我室，使我一见昏眸开。百年废兴增叹慨，当时数子今安在？君不见，荒凉浯水弃不收，时有游人打碑卖。"这就有点搞笑了。名碑拓片光彩四射，传观之时，着实闪烁了一下，让诗人昏眸顿开，但就是昙花一现，看着零乱的碑刻，想想让人失望的现实，不禁悲从中来，摇头叹息。繁华盛世变成泡影，盖世英雄风流云散，一时都落得转瞬成空的下场。这唯一与古人相关联的宝贝石刻，历经捶拓剜凿，早也不成样子了……

了解了中兴颂碑和张文潜，再来看李清照和张耒的诗——

《浯溪中兴颂诗和张文潜》

五十年功如电扫，华清宫柳咸阳草。五坊供奉斗鸡儿，酒肉堆中不知老。胡兵忽自天上来，逆胡亦是奸雄才。勤政楼前走胡马，珠翠踏尽香尘埃。何为出战辄披靡，传置荔枝多马死。尧功舜德本如天，安用区区纪文字。著碑铭德真陋哉，乃令神鬼磨山崖。子仪光弼不自猜，天心悔祸人心开。夏商有鉴当深戒，简册汗青今具在。君不见当时张说最多机，虽生已被姚崇卖。

君不见惊人废兴传天宝，中兴碑上今生草。不知负国有奸雄，但说成功尊国老。谁令妃子天上来，虢秦韩国皆天才。花桑羯鼓玉方响，春风不敢生尘埃。姓名谁复知安史，健儿猛将安眠死。去天尺五抱瓮峰，峰头凿出开元字。时移势去真可哀，奸人心丑深如崖。西蜀万里尚能反，南内一闭何时开？可怜孝德如天大，反使将军称好在。呜呼，奴婢乃不能道辅国用事张后尊，乃能念春荠长安作斤卖。

李清照和诗，除继承张耒咏史抒怀的诗体，更深层揭示了唐朝安史之乱及军队无能的原因，对权奸误国、杨氏祸乱朝廷以更为直接的批判，而且吊古伤今，表现了对风雨飘摇之中大宋王朝的担忧。张诗表达了对历代英雄人物的景仰，至末尾，委婉流露出一种雄风不继、败落萧条的落寞之叹；李诗则更能表达对现实的忧虑和呼吁。

如"尧功舜德本如天，安用区区纪文字。著碑铭德真陋哉，乃令神鬼磨山崖"，建功立业不在乎是否刻于石头，尧功舜德如天大，他们说过什么吗，著于史帛又能如何？"天何言哉？"尧天舜日，天地有大美而不言，这一点就超过了张诗咂舌品赏的单一意境。

而"西蜀万里尚能反，南内一闭何时开"，正如范成大的"忍泪失声询使者，几时真有六军来"一样，在情感深刻程度上更有所突破，也与张诗不同。文人作诗，多写别人事抒自家情，所谓借古人酒杯浇自家块垒。如果说张诗末尾偏于面对现实的无可奈何，李诗则具备了光复中原的猛烈呐喊。

李清照的这首诗，以巾帼作须眉声色，句句敲金戛玉，颇具豪放庄严的风度。宋代周煇在《清波杂志》卷八载："《浯溪中兴颂碑》，自唐至今，题咏实繁。零陵今虽刊行，止荟萃已入石者，曾未暇广搜而博访也。赵明诚待制妻易安李夫人尝和张文潜长篇二。以妇人而厕众作，非深有思致者能之乎？"

张耒为"苏门四学士"，李清照父亲李格非为"苏门后四学士"，苏轼何许人也？这是以豪放词风为世人所识的开山人物。如此，李清照和张耒的这首诗，加之特定典型的讽咏对象，就不难理解，李清照之豪迈格调、恢宏气象，其来有自。

除此之外，我们还可以将其他诗句拾零于此，如："生当作人杰，死亦为鬼雄。""九万里风鹏正举。风休住，蓬舟吹取三山去。""水通南国三千里，气压江城十四州。"……任拣一句读来，都是叮当作响，透着一股子浓浓的浩然正气。嗳，你还能想象这些是出自一位病体恹恹的弱女子吗？

不能因司空见惯的一些诗词，遮蔽了李清照坚韧刚毅的一面。把她只看成婉约派之大家,还是单薄了些。单从这些诗词来看,其识见之高超,绝无闺阁批风抹月之习。说李清照也是"心中有火、眼里有光"的人物,应当不会错吧?

旧书新读亦有味

手头这本《围城》购于1991年8月，地点是青岛。从页面零星圈画的痕迹分辨回忆，看过数页而已。在此之前，对其书内容知之甚少。束之高阁，这一晃近三十年。新近翻腾出来，打扑打扑积年陈灰，翻着泛黄的书页，一路读下来，竟没有任何违和感。

书中写一群青年在特殊年代的爱恨浮沉，涉及婚姻恋爱、家庭伦理、三角恋、办公室政治等。人物角色之间矛盾错综纠缠，花样百出。人物形象有风流倜傥的儒生，有城府颇深的弱女子，有急公好义的"及时雨"，有道貌岸然的旧官僚，有恪守礼教的老派家长，有见风使舵的新潮人物……每个人物都塑造得呼之欲出，读来余味无穷，真是大家手笔。

掩卷细思，这么好的书，为什么尘封多年，才见天日？并非书不好，只是难啃也！作者钱锺书处于新旧文化过渡时期，语言习惯有着浓浓的个人风格，语句雕琢隽永，机智诙谐。但是读起来真的费神耗力，读读停停，明知是好东西，却不能卒读，顺手放下，几十年没有拾起来的兴趣。

这让我们自然联想到，现在推荐给初中生阅读的某些经典书目，读起来也是如此。有的是因为时代变迁了，语言习惯也改变了，如文白兼用，晦涩拗口，跟现实语言大相径庭；有的是环境事件陌生化，眼界阅历所限，怎么也不能融入其中；有的是读者达不到相对等的品位，字里行间难以找到兴发感动和共鸣……兴冲冲地像饥饿的人扑在面包上，却不能染指一得真味，只好望而却步，敬而远之。这样的读者，口头和脸上作着附和认可的文章，肚里却像《皇帝的新装》中那些可怜的角色，不断地犯着嘀咕，警醒得甚至要作出一番暗暗的自责：难道我是愚蠢的吗？难道就我笨到一点儿都看不懂吗？真是骇人听闻了……所以谁也看不出谁的底细。人家说好，想必是好的，跟着说好，就保准没错。至于读没读，就放在其次。真硬逼着读起来，也是寡淡乏味。读书恰如上刑，成了苦差事。理想中的美美地饱读，成了冷不丁的一闷棍。揣测的同时有的还要许愿：这样难读的书，但愿一辈子别再遇到。

近日在龙源学校与几位老师座谈，教研组长程老师一吐苦水，想请教妙招。说当地学生家长以乡村人居多，文化水平普遍不高，班里也就五六位家长初中毕业，怎样推动学生名著阅读？这是出了一个大难题，一听就头大，根本没有妙招。

地域的差别并不比时间的变化来得小，以读《围城》这样的切身经历，想到读书这样漫长的时间跨度，好像图书也有了年龄。不符合你的年龄去触碰的，看不懂，不爱看，勉强看了，收获就寥寥。

适读的才是最好的。这种阅读的科学分段、分级，好像国内没有做出像样的规划来。虽然满天下都是适读书目，但是里面的图书，又有几位老师基于学生年龄心智特点的研究，亲身阅读实践体会过而去做了甄别取舍呢？很多学校呢，乐得现成，简单地以大得没边没棱的"知识行囊"来武装学生。虽然老师们都是抱着满腔好意的，但是这种畸形的关照，在某种程度上成为一种摧残的暗器，将品味和兴趣绞割得遍体鳞伤。

我们相信早慧的花朵一定是有的，但是只有少数。譬如初中推荐的阅读目录，不少的书目，其实挺难的。难为了孩子，逼着读那些，还要拿考查评价相强迫利诱，简单粗暴，情何以堪！

那么，就是不用读喽？当然不是。我的意思是区别对待，有的图书，慢嚼细品，不可放过一字一句，而有的图书，粗粗读过，观其大略，草草了解，不以精读为要求。

孔子也说，"五十以学《易》，可以无大过矣"。遵循学生身心发展规律，不必盲目地追逐多多益善。从眼里经过一下，就变成了积累，就变成了学养，那只是凭空臆想，是要不得的。

大约世上很多道理、很多智慧、很多书籍，都是这样的，搁在那儿，慢慢地沉淀着、酝酿着，蓄着势一样，不早不晚，与某个特定时间的那个人，偶然地劈面相遇，迸出灵光乍现的耀眼火花，双方不约而同地，轻轻发出一句幸福的感喟："'缘'来是你啊！

人类智慧，可能都设定了神秘玄妙的密码。不同的年龄，自有不同的心境和收获。"少年读书，如隙中窥月；中年读书，如庭中望月；老年读书，如台上玩月。"时间到了，读起来即可势如破竹，许多问题也会迎刃而解。我们应当不着急，慢慢来。你不能因为牙口不行，埋怨肉骨头不好。啃不动，自有啃不动的理由，但是你能啃得动的时候，定会于刹那间觉得：嗯，香！

县城南关路，古城子夹道，有一家旧书店，深居闹市，不显山不露水，明明经营的是旧书，倒起了个"永新书店"的亮招牌。和店长徐老板闲聊及宝号名头，他说："书可以是旧的，知识永远是新的。"见识不俗，让人耳目一新。来的多是老顾客，如我，也是奔着老旧图书，淘一些又便宜又经典的宝贝，就是专挑那些看了还想看、这一辈看了下一辈还要看的书。这也正应了"永新"的意思。

比如这本沉睡过的《围城》，是经典名作。近在咫尺，拥有它的人曾经对它视而不见；当确定进入视野，它才被激活了，真正等到了它的读者。经典永流传，旧书不厌百回读。一旦识味了，读者后续必定还有一些重读、选读、研读的行动跟上来。至于没有读的三十年，我丝毫不觉得可惜。

有时书也会找人

我说的是《夜雨秋灯录》,这是清末"传布颇广远"的一本笔记小说,作者宣鼎。

据其《自序》交代,宣鼎"少膺孱弱,壮值乱离,濒于死者再而皆得不死""十九忽膺咯血疾,惫矣""二十外先慈见背,先嗣父广文公又见背。家难既起,外侮乘之,枭獍成群,争噬吾肉,家道遂中落"。二十六岁时奉生父之命,入赘外家,方得苟延残喘。"明年,突红巾至,携家窜东海,慷慨从军,几死锋镝。旋又回海上,卖画供饘粥。""年三十一始入当道幕,司笔札。三十五馆淮海。三十九游山左,奔疲蹇涩,近于托钵矣。"四十岁生日当天,感于"忽忽焉行年已四十矣,而沦落犹是",大恸,归而僵卧,不语亦不哭。"明日遂病,且殆,精神惝恍,不知所云。"病十五日,"忽蹶然起,裁笺为阄,取生平目所见、耳所闻、心所记且深信者,仿稗官例,先书一百余目。每夕作文一篇或两篇……计得文一百一十五篇。"

从作者人生经历来看,其穷困抑郁,居于社会下层,与蒲松龄生平际遇有相似之处。可见《夜雨秋灯录》系发愤之作,作者将胸中积郁发而为文,继而"称盛一时",成为晚清文言小说压卷之作。

本书广泛反映了作者所处时代的社会生活,展开一幅晚清社会的生活画卷,囊括各个阶层、各色人物,官吏、百姓、神仙、僧道、乞丐、娼妓等，无不生动活脱，世俗世相，如在眼前。各种场景，官场科场、市井里巷、勾栏瓦舍、乡间草泽、神仙洞府、幽冥世界，无所不有。在清代笔记小说中，除蒲松龄的《聊斋志异》，宣鼎的《夜雨秋灯录》题材之广博，罕有其匹。

作者所处时代是晚清大动荡时期，战乱频仍，民不聊生。书中多有以捻子作乱为背景的篇目。其中有一篇《王大姑》，读来令人肃然起敬。

王大姑的故事，地点为"峄阳西南，邻丰沛诸境，台儿庄当其冲"，大姑"貌楚楚，性敏慧，幼读曹娥庞娥诸列传，未尝不掩卷而泣也"。"是年夏，捻贼将至，风鹤宵警，鬼车夜号。"合族准备逃难，苦于家什繁重拖累，大伙一筹莫展。大姑表现出超乎常人的斩绝果敢，"重物轻人，诚非良算"，建议族长："掘地藏物，单车载人，可望出虎口，而登乐土耳。"

当不幸为贼人抓获，白刃加颈，威逼交出家资时，大姑从容不迫，含笑敛衽答话："我即彼族司管钥人也，黄白岂无，窖藏诚有。彼大树葱茏，庐舍翳如者，是所居耳。如从我往，一一指示，十万金咄嗟办。否则骈死荒郊，于大王毫无裨益。"

待到将贼人引至某院，劝大王少憩纳凉："待我诣内煮茗，略尽东道谊。然后具畚锸，先掘我家，再掘他家也。"贼人笑颔之，以为茕茕弱息，已成瓮鳖釜鱼，还怕她跑到天上去。然而，"久之，日将堕崦嵫，瀹茗人仍不出。奔内搜阅，贼大骇，盖女已挂梁上，体冰而僵矣"。

吾乡居东鲁小邦，数度罹捻患。其间耳闻传说，方志记载，多有烈女事迹，其中李氏女故事，可与此篇成相互映衬之趣。

《光绪增修诸城县续志》"列传"载：

张保正妻李氏，监生复望女。幼有烈性，知书。辛酉秋，捻匪至，与诸邻妇同被掠。见贼魁，大呼曰："速杀我！"贼讶问："若不畏死耶？吾亦读书者。释若，若其出金自赎！"

李氏噭应曰："有金藏吾母家窖中，从我往可得。"贼命二人从，至则指庭树下曰:"金在此!"贼掘之。氏急避房中,欲阖户,一扉缺矣。搜剪刀持之。贼久不得金,方呶呶,闻村外竹声甚急。贼令,鸣竹则行,无敢后者。两贼大哗,曰:"彼绐我矣!"恨恨去。既免,闻夫已死乱贼中。求其死处,卒不得。乱后,家益贫,乃纺绩以为食,独处一室三十余年。见年五十二。

《王大姑》篇末,懊侬氏曰:

"以王氏合族百余人,猝遇贼氛,何不一战毕命?其所以束手待毙者,视贼如虎狼耳。而大姑视之,直犬彘不若矣。姑之节也可哭,孝也可敬,烈也可悲,智也可喜。贼之痴也可笑。"

李氏烈女故事,《诸城县志》"列传第十"卷首,有开篇点评:

节烈,难言矣。编氓家言节烈,尤难耳。不濡教泽,目不识诗书,何所歆羡激发而独能从容就义如是?邑经辛酉、丁卯两难,士多以忠烈显,女亦多以节烈著,匪直诗礼之家为然。其裂眦骂贼、舍生殉夫,与夫饮冰茹蘗、艰苦自守于穷乡僻壤间者,亦不乏人。岂其得天者厚与,抑其风俗之醇朴有以感之与?

所不同者,吾乡故事以陈述为主,寥寥数笔,干干净净,料于史实无虚构窜改;而小说家描摹刻画更为精彩生动,其为书也,"可以质仙佛,可以惊鬼神。微云之舒卷于太虚,未足方其缥缈也;飞瀑之倾泻于古涧,不能拟彼清泠也。趣语横生,奇思迭出,实足补《志林》所不逮,而步《觚剩》之后尘"。单就其感染人心的力量是完全一样的。《夜雨秋灯录》《诸城县志》中,此等样故事,伙矣!

案头这册《夜雨秋灯录》,多年前购于河西旧书摊,论斤购买。当时随手一翻,装帧一般,内有个别错字。但是觉得耐读,是自家喜欢的一类,图便宜,就买了一大包。一同购买的还有《明语林》《青泥莲花记》等数本,属"笔记小说名著精刊"一个系列的。可惜买回后并未先睹为快,而是扔到旮旯里,时间一久,就忘了。好在即使搬家,清理旧物,也未舍得扔掉。此书购置时间是 2005 年 11 月某个夜晚，而真正老老实实阅读是十年以后的事。

本文提及的故事，单以捻子事件之背景，作者表述之立场来看，该书不会出现于有诸多禁忌的某些时期。《诸城县志》类地方志，大约也是门庭冷落，庋藏故纸，以待鱼蠹。茫茫书海，来至案头，蓦然相见，惊呼一声："缘"来在这里。"想见读书头已白"，时间是久远了些，在你乐意看它时，还能纷至沓来，一一寓目，亦不幸中之大幸。此其谓"桃李春风一杯酒，江湖夜雨十年灯"也哉？

掩卷回味，不禁怅触。

以阅读改善我们的教研

2020年3月30日14：30—16：00，诸城市教科院组织了读书交流活动。这是新冠肺炎疫情发生以来，诸城市教科院统一部署组织的第七期读书分享活动。疫情逐渐消停，但我们仍然采用了网上交流的方式，因为网络平台用起来比较方便。按中小学各部推荐一名、随机抽签一名的办法，共有六位教研员做了交流。遵照领导安排，倾听各位老师发言完毕，略作小结。

郭老师结合上学期学前教育实践，介绍了课例研究的尝试，他们做得相当扎实。可以看出"课例研究"他们早已开始了，并具备了研究的雏形，只是没把这个术语提得这么响。郭老师是很认真的，上午申请要先发言，这样可以早放松下来，提起精神来，安心听听同伴的交流。

魏老师分享了自己的工具箱，展示了林林总总的各式工具，这是生活的工具，更是自然教研员的学科工具。他自己的若干发明都离不开这些工具。工具的制作和使用是万物之灵的人和普通动物的主要区别。"工欲善其事，必先利其器"，我们要善于利用工具，找到撬动教学的"杠杆"。比如可以开发一款课堂"观察量表"，可以将它变成不仅是记录、诊断、检测的工具，且兼具激励功能的利器。

葛老师的发言，一是从概念的内涵方面对"课例研究"做了深入剖析。认识很透彻，见解较深刻。二是对未来开展的学科探索规划制作了具体的蓝图。这样可以将阅读成果，很自然地与下一步具体实施接轨。

董老师的阅读体验中，包含了一种可贵的批判精神。尤其面对一些艰涩的理论书籍的阅读，哪些是有益的，哪些可以搁置，哪些是与我契合的，哪些是拿来就能用的……均结合自己所教学科做了由浅入深的透视分析。"前测"和"后测"是交融在学科语流中的熟语，在专家那里它是什么意思？与学科经验有何异同？——时时关照立足的学科，这是经验学习迁移的路径。不然，他人是他人，我终是我。

徐老师给我们解读了"学习共同体"的概念，深度挖掘了建立学习共同体的价值意义。见解独到，认识深刻，足能引发我们到底"谁是学习者"的系列反思和审问。学习、成长、发展是共同的追求目标，"学习者"不仅仅包括受教育的学生，还包括执教者、参与观察研究的团队成员——同伴、家长以及教研人员。

王老师结合高中教育的实际情况，正视学科教研现状，在怎样化繁为简，发挥地域、学科、学段等优势，防止水土不服，做好理念落地方面做了深入思考。这些冷静且理性的分析，既实在又接地气。

六位同伴的精彩分享，信息量太大，个人深受教益。片面点评，权充续貂。还有好多感悟，留待后续慢慢回味，仔细咀嚼。

教科院组织的读书活动，让我们每个人逼着自己集中阅读了一些好书，达到了激发兴趣、共享智慧、提升业务理论水平等多重目的，收获都是显而易见的。读书行动，连同新学年课例研究项目推进，都是改善我们的教研工作，使之走向自觉和常态，走向深入的有力手段。

据说坚持21天就能形成好习惯，以每周一次的读书交流来计算，我们也处于养成第二轮好习惯的巩固阶段了。当下读书的方式和样态都在发生着变化，大段时间如我们特殊时期的阅读固然很好，但碎片时间的阅读也很值得珍惜。有的人等人候车的几分钟可以用手机看首诗歌，十几分钟可以从容地读一篇精美散文，两三小时以上就能安安稳稳地阅读艰深一点的整本读物了。阅读真的无处不在。

还有一个巩固读书成果的办法，就是读写结合。写下即永恒。今天六位发言人提前分享到群里的课件和文稿，就是很棒的书写成果。我们在语文教育中提倡学生写日记，教师写随笔，自己也应该尝试设定数量目标，写一点东西，以便跟师生看齐。对师生是这么要求的，我们就得坚持下水实践，尽管有时非常吃力。

这也许不适用于每个人。因为周国平后来就告诫自己要少写多读，他怕耽于写作，减损了充分享受阅读乐趣的美妙时光。阅读果真能读出趣味来，那么养成读书的好习惯，一定不只是教研工作的需要，也是精神的需要了。写与不写，又在其次了。

成为一名终身阅读者

2020年2月26日上午,在全民抗击新冠肺炎疫情的特殊时期,诸城市教科院通过网络教研的形式组织了诸城市初中语文教师寒假读书交流会,两小时的日程,有10位老师从个体读书和组织学生读书两个方面分享了经验。他们的发言都是基于亲身实践,有思想、有办法、有成效,从不同的角度开阔了我们的视野,让我们看到同伴身上可贵的闪光点。非常精彩!我也谈一点自己的认识,作为今天活动的结语。

一、成为一名终身阅读者

读书很重要,读书对于语文教师来说尤为重要。语文老师若不喜欢读书,不能达到一种"癖好"的程度,甚至不能做合格的语文老师,更不会成为优秀的语文老师。语文教育的目的大半是在阅读中达成的,语文教学的内容主件是由篇章组成的。读书就是语文教师职业的刚性需求:以读书奠定岗位角色,以读书提升专业和生命的高度。

要做真正的读者。读者还有假的吗?东翻翻西翻翻,随兴而览算不得读书;专注心灵鸡汤、八卦野史,也不算读书;追逐热闻猛帖,也不是真正的读书。

真正的读书是持久地耽于书中,踏踏实实地去读。读书更多的是一种私人化、私密性的自觉行动,不是口号,也不应该是运动。什么读书节、读书沙龙之类,是没有办法的下策。读书是打心眼里的真喜欢,是"造次必于是,颠沛必于是"的须臾不离,是阅读千遍不厌倦的痴心和执着。读书是一辈子的事,短短的一阵狂风骤雨式的活动,又怎能涵盖其全部要义呢?包括我们今天的分享,如果说有点价值的话,也只是"促"的一种仪式,是不得已而为之。

"假期时间过得真快!"突然想到自己好多天没有读书了,有一种追悔和自责;疏离书本太久,看到喜欢的名著束之高阁蒙尘多时,怵然心惊而失落;每天不读上那么几页,心里就不踏实,以至不能安心入睡……如果有这样的情形,那么恭喜你!你差不多快成为一个真正的读书人了。

二、培养高尚的阅读品位

语文老师要做一个志趣高尚的人。我们提倡非好书不读,读原典、读文学名著,把时间精力用在刀刃上。

陈寅恪先生1912年第一次由欧洲回国,拜见夏曾佑先生。夏曾佑先生对他说:"你是我老友之子。我很高兴你懂得很多种文字,有很多书可看。我只能看中国书,但可惜都看完了,现已无书可看了。"陈寅恪告别出来,暗想此老真是荒唐。中国书籍浩如烟海,哪能都看完了。陈寅恪七十岁左右,有读书人见他,他说:"现在我老了,也与夏先生同感。中国书虽多,不过基本几十种而已,其他不过是翻来覆去,东抄西抄。"细思玩味,深以为然。影响整个国人思想意识的,建构国人精神世界的,不过那几部传世经典。我们的哲学、历史、美学、宗教等,都好好地保存在那些古典文学作品里。后世多如牛毛的作品,无非是对经典的传抄、转述、解读、摘引,后人的见识、观念甚至世间发生的新鲜事,都没有超出往圣先贤画出的大框子,林林总总,只是传统文化规范的重复、模仿和翻花样罢了。

书读完了,对于陈寅恪这样的大师来说,并非狂言。因为他们读的是中国文化中最精粹的那一部分。

生命太珍贵，不要把时光浪费在无谓的事情上。向大师学习，读那些最需要读的，最应该读的，这也是我们后人承袭文化基因，驱除浅薄，增加生命厚度的重要途径。

在专精的前提下，我们当然也提倡广泛阅读。

有个苏轼跟王安石斗法的故事。某回在家里，荆公打开全部二十四个书橱，说子瞻你随便挑一本，任翻开一页，你念上句，我若对不出下句，就算老夫输了。苏轼正值年轻气盛，不信他全读完了，想刁难一下，挫挫老头儿锐气。就把尘灰最厚的一本抽出来，挑了几处，结果荆公都是对答如流。而当荆公还席考问时，苏轼处处捉襟见肘，一问三不知，急得面红耳赤。

这个故事出在《警世通言》中，叫《王安石三难苏学士》，后人评论这篇话道：以东坡天才，尚然三被荆公所屈。何况才不如东坡者！

以那个时间段来看，苏轼与王安石的差距不可以道里计。王安石满腹经纶，成为著名的文学家、政治家，不是没有道理的，首先读书量上就占了优势。

我们也每每遇到"书到用时方恨少"的窘境，这也让我们不得不相信：多读书，没毛病！建立超拔的格调，定位向往的境界，剩下的，多多益善。

三、做学生阅读的领路人

教师要做学生读书的引领者、指导者和陪伴者。如果说一个语文教师给学生留下了一点好的印象，给予了他些许的人生指引，那不外是这位教师当年带他读了一些好书，让他养成了热爱读书的好习惯。语文教师自己的阅读行为和观念，潜移默化地影响着学生，长远而深刻，不可不慎。教师应好好呵护，小心引领，勇于担任学生人生中的这个关键角色。

以这个特殊的加长版假期而言，我认为老师带领学生读的，应当首选语文教材中推荐的那些篇目。教材中的这些必读名著、选读名著，都是经过专家千挑万选，经过时间千淘万漉的，是文学金字塔顶尖的东西。每册教材只推荐了2本必读、4本选读，在初中学段，每年读区区12册书，这相对如恒河沙数的各色读物，真是九牛一毛了。

就这些书，如果我们师生视而不见，在这段相对集中的大好光阴里，不正儿八经地认真通读，反而无所事事，浪掷青春，那就恰如入宝山而空手归了。

老老实实窝在家里，用网络这一便捷的工具，组织好本班学生的阅读，就是对战"疫"最大的贡献。当春暖花开，假期过后，学生满带一身书香地回到校园，这，也是一名语文老师最好的答卷。